清·段長基 著
王彩琴
張虹
張艷
席德育 點校

歷代統紀表（四）

歷代一統表之一

全國高校古籍整理研究委員會資助項目
河南古都文化研究中心學術文庫成果
白河書齋河洛文獻系列叢書之三

文物出版社

歷代統紀表卷之九

偃師段長基述编　男摺書　孫鼎鑰　次鼎鈞校梓

唐高祖神堯皇帝。○注：姓李名淵，唐公李昞之子，隴西人。受隋禪都長安，在位九年，禪于太子，壽七十一歲。

甲申，武德七年○注：是歲，高開道、輔公祏皆亡，唯梁師都至貞觀二年乃亡。

春正月，帝詣國子學，釋奠于先聖先師。

乙酉，八年，秋九月，加秦王世民中書令，齊王元吉侍中。

丙戌，九年，春二月，以齊王元吉爲司徒。

御批：秦王既有創業之功，亦饒守成之略。唐高祖密度神器所歸，自當早定大計，顧乃優游不決，坐致悸禍，誠不得辭其責。若秦王聰明特達，惟有唐之令王，其於建成元吉豈無

夏六月，太白經天，秦王世民殺太子建成、齊王元吉。立世民爲皇太子，決軍國事。

司馬公曰：『立嫡以長，禮也，正也。然高祖所以有天下，皆太宗之功也，隱太子以庸劣居其右，地嫌勢逼，必不相容。向使高祖有文王之明，隱太子有太伯之賢，太宗有子臧之節，則亂何自而生哉？既不能然，太宗始欲俟①其先發，然後應之，如此，則事非獲已，猶爲愈也。既而爲羣下所迫，遂至喋血禁門，推刃同氣，貽譏千古，惜哉。夫創業垂統之君，子孫之所儀刑也，彼中、明、肅、代之傳繼，得非有所指擬以爲口實乎？』

以魏徵、王珪爲諫議大夫，帝自稱太上皇。

廬江王瑗反幽州，將軍王君廓殺之。○注：太子建成謀害秦王，密與瑗相結。

①俟：等待。

尖蛇善全之道，必致骨肉相殘，取譏後世，囿其謀之，不藏匪獨遭逢不幸也。

秋七月，以高士廉爲侍中，房玄齡、宇文士及爲中書令。蕭瑀、封德彝爲僕射。

八月，太子世民即位。○注：詔傳位於太子，太子固辭不許，乃即位。故宮女三千餘人，立妃長孫氏爲皇后。

九月，置弘文館。

冬十月，封故太子爲息隱王。

突厥始畢可汗于義寧二年死，其弟處羅可汗立，處羅武德三年死，其弟頡利可汗咄苾立。

突厥入寇至便橋，帝出御之。突厥請盟而退。

齊王爲海陵刺王，改葬之。立大子承乾爲皇太子。○注：生八年矣。

十一月。

十二月。

太宗文武皇帝。○注：名世民，高祖次子，在位二十三年，壽五十三歲。

丁亥，貞觀元年。

春正月，宴群臣。制諫官。隨宰相入閣議事。○注：良法也。

降宗室郡王爲縣公。

以張玄素爲侍御史。

以張蘊古爲大理丞。

以戴胄爲大理少卿。

御批：賑恤以惠民，固朝廷之德意，惟慮。奉行未善，澤不下究。爾獨蠲其租賦，則比户均沾，爲愛民之賢政。

二月，分天下爲十道。三月，皇后帥内外命婦親蠶。			
夏六月，詔所在賑恤，蠲其租稅。以蕭瑀爲左僕射。		封德彝卒。	
秋七月，以長孫無忌爲右僕射。九月，宇文士及罷，御史大夫杜淹參预朝政。			
冬十月。		嶺南酋長馮盎遣子入朝。	
十二月，徵隋秘書監劉子翼，不至。		以孫伏伽爲諫議大夫。	
戊子，二年，春正月。		長孫無忌罷。	

御批：漢俗甚好祥瑞，率多傳會其事。自欺以欺人，如區區鵲巢之異，亦欲表賀。唐大宗拒廷臣之請，識見迥出尋常，至謂瑞在擇賢，

詔自今大辟，并令兩省、四品及尚書議之。關内旱饑，赦天下。			
夏四月，詔收隋末暴骸。		遣柴紹等討梁師都，其下殺之以降，其地爲夏州。	突厥突利可汗請入朝。
秋九月，詔非大端不得表聞。出宫女三千餘人。○注：按《綱目》書，選良家五而晉武居其三，書出宫人九，而太宗居其二，二君之相去遠矣。			
冬十月。		杜淹卒。	
十一月，以王珪爲侍中。詔自今奴告主者，斬之。		王珪爲侍中。	遣使立薛延佗夷男爲真珠可汗。
己丑，三年，春正月，耕籍東郊。二月，以房玄齡、杜如晦爲僕射。		裴寂卒。	

則卓然名論矣。

魏徵守秘書監，叅預朝政。夏四月，上皇徙居大安宮。			
六月。		以馬周爲監察御史。	
冬十一月。		以李靖爲定襄道行軍總管，統諸軍討突厥。	
十二月，杜如晦罷。○注：以疾避位故也。		杜如晦罷。	厥厥利可汗入朝。
閏月。			蠻酋謝元深等來朝。○注：是歲，中國人自塞外歸，及四夷前後降附者，男女一百二十餘萬口。

庚寅，四年春，二月，以温彦博爲中書令，戴胄參預朝政，蕭瑀參議朝政。

三月，四夷君長詣闕，請帝爲天可汗，許之。蔡公杜如晦卒。

夏四月，詔訟不决者，聽於東宫上啟。

李靖破突厥於陰山，頡利可汗遁走。

突厥頡利可汗遁走。

杜如晦卒。

李靖爲光大夫。

張寶相擒突厥頡利可汗以獻。○注：頡利敗遁，往依鉢。羅設蘇尼失部落。任城王道宗以兵逼之，使蘇尼失執，頡利，行軍副總管張寶相取之以獻。突厥既亡，其部落降唐者尚十萬口。帝詔羣臣議區處之宜。魏徵曰：『戎狄人面獸心，留之中國，必爲心腹之疾，宜縱之使還故土。』

秋七月，以李綱爲太子少師①，蕭瑀爲太子少傅②。○注：瑀自是不復預聞朝政也。以李靖爲右僕射。

九月。

冬十一月，以侯君集叅議朝政。除鞭背刑。大有年。

帝不能從，卒用温彦博策，處於幽、靈諸州。唐是以世有戎狄之患也。沙鉢羅设之號蘇尼失人名。

伊吾來降，置伊西州。

高昌王麴文泰入朝。

御批：唐太宗用魏徵

①少師：古代官名。『三孤』之一。周代始置，爲君國輔弼之官，地位次於太師。北周以後歷代多沿置 與少傅 少保合稱『三少』。一般爲大官加銜，以示恩寵而無實職。 ②少傅：職官名。『三孤』之一，位次於少師。

之言偃武修文，化洽海宇，誠得古帝王善治之道，至其二、喜一懼兢兢以驕奢自戒，尤履盛而謙，安不亡危之道也。

○注：入《綱目》以來，上下一千三百六十二年間，有年之書凡六，梁武帝一書，後唐明宗一書，然皆分裂之世，無足深取。若夫海内爲一，人物皐康，以大有年書，獨永平、開元與是年爾，豈非治世之難逢哉？

辛卯，五年春，正月，皇太子冠。詔諸州剗削京觀，加土爲墳。以金帛賜突厥，贖男女八萬口。

夏六月，新昌公李綱卒。

秋八月，遣使詣高麗，葬隋戰士。

九月，修洛陽宮。

冬十月，詔議封建。

李綱卒。

殺張蘊古。○注：權萬紀誤之也，惜哉。

十一月。 十二月。		高州總管馮盎入貢。	林邑新羅入貢。 開黨項之地爲十六州。
壬辰，六年，春正月朔，日食。羣臣請封禪，不許。 三月，如九成宮。○注：去京師三百餘里。以長樂公主嫁長孫沖。 夏四月。		鄒公張公謹卒。	
癸巳，七年，春正月，王珪罷，以魏徵爲侍中。造渾天儀。 秋九月，山東四十餘州水，遣使賑之。 冬十一月，以長孫無忌爲司空。		王珪罷，魏徵爲侍中。	

十二月，帝奉太上皇，置酒未央宮。○注：武德九年之後，貞觀九年之前，首尾十載，所謂『爲天子父以天下養者』，僅有是耳。	甲午，八年，春正月，以李靖等爲黜涉大使，分行天下。冬十月，營大明宮。○注：以爲上皇清暑之所。未成而上皇寢疾，不果居。以李靖爲特進。聘鄭氏爲充華，既而罷之。○注：因魏徵表鄭氏嘗許嫁士人陸爽也。鄭氏，鄭仁基之女。充華，婦官也，九嬪之一。	乙未，九年，夏五月，太上皇崩。冬十月，葬獻陵。○注：三原縣東南一十八里。
削工部尚書段綸階。○注：以綸奏徵巧匠造戲具也。		
	西突厥咄陸可汗死。○注：其弟沙鉢羅咥利失可汗立。吐谷渾寇涼州。以李靖爲大總管，帥諸軍討破之。	

十一月，以蕭瑀爲特進，参預政事。	丙申，十年，春正月。 二月。 三月。 夏六月，以温彦博爲右僕射，楊師道爲侍中，魏征爲特進。皇后長孫氏崩。 冬十一月，葬文德皇后。 十二月。
	以荊王元景等爲諸州都督。○注：元景唐高祖子、太宗之弟。
	黜治書侍御史權萬紀。○注：以萬紀上言，不言得賢而言采銀也。
突厥阿史那社爾來降。	吐穀渾請頒曆，遣子入侍。 朱俱波、甘棠遣使入貢。○注：朱俱波在葱嶺之北，去瓜州三千八百里。甘棠在大海南，皆西域國也。

丁酉十一年，春正月，作飛山宮。

二月，帝幸洛陽宮。豫爲山陵終制。○注：因山爲陵，容棺而已。

三月。

以吴王恪等爲諸州都督。○注：恪，太宗之子。初，帝納隋煬帝女爲妃，生恪。

以王珪爲魏王泰師。○注：泰，太宗之子。

以南平公主嫁王敬直。○注：敬直，王珪之子，珪令公主執笲，行盥饋之禮。自是，公主始行婦禮，事舅姑，而弊俗始革矣。

夏五月。

虞公温彦博卒。

六月。

荆王元景等爲諸州刺史，子孫世襲。

冬十月，獵洛陽苑。以武氏爲才人。○注：故荊州都督武士彠女，年十四。上聞其美，召入後宮。武氏一女子，才人一宮嬪，而特筆書之者，一以志唐室禍亂之本，一以證高宗聚麀之實，而太宗溺意女色之失，亦回在其中矣。

安州都督吴王恪免。○注：以恪數出田獵，頗損居人，被柳範彈奏也。

戊戌，十二年，春二月，帝發洛陽，觀砥柱，祠禹廟，遂至蒲州。贈隋堯君素蒲州刺史。

閏月朔，日食。

帝還宮。

夏五月，永興公虞世南卒。

秋七月，以高士廉爲右僕射。

冬十二月。

己亥，十三年，春正月，加房玄

以霍王軌爲徐州刺史。○注：霍，地名。元軌，太宗之弟。

虞世南卒。

以馬周爲中書舍人。

以薛延佗真珠可汗二子爲小可汗。

西突厥乙毘咄陸可汗立。○注：初，西突厥分其國爲十部，每部酋長各賜一箭，謂之十箭。又分左、右廂。左廂號五咄陸，置五大啜；右廂號五弩失畢，置五大俟斤，通謂之十姓。至是，咥利失失衆心，爲其臣所逐，走馬耆，尋復得其故地。西部遂立欲谷設爲乙毘咄陸可汗，中分其地。

齡太子少師。

永寧公王珪卒。○注：謚懿。

二月。

夏四月，帝如九成宮。

秋七月。

冬十二月。

	停宗室襲封刺史。		
王珪卒。	尉遲敬德爲鄜州都督。		以侯君集爲交河大總管，將兵擊高昌。
	立李思摩爲突厥可汗。○注：自突利可汗弟結社率亂，言事者多云。突厥留河南不便。上乃賜懷化郡王阿史那思摩姓李氏，立以爲泥孰俟利苾可汗使帥其種落還舊部。		西突厥咥利失可汗死。○注：子乙毗沙鉢羅葉護可汗立，號南庭。咄陸爲北庭。

太史公傅奕卒。

傅奕卒。

庚子，十四年，春正月，幸魏王泰第。

二月，詣國子監。

三月。

夏五月。

冬十二月。

流鬼國入貢。○注：去京師萬五千里，濱於北海。

侯君集滅高昌，以其地爲西州。

下侯君集等獄，既而釋之。以張玄素爲銀青大夫。

辛丑，十五年，春正月，帝如洛陽宮。

夏五月。

以文成公主嫁吐蕃。

起復于志寧爲太子詹事。

西突厥咄陸可汗殺沙鉢羅可汗。

冬十月。

○注：于志寧遭母喪，起復舊職。以李世勣爲兵部尚書。

壬寅，十六年春正月。

夏六月，詔太子用庫物，有司勿爲限制。○注：承乾不子，太宗有以啟之矣。

秋七月，以長孫無忌爲司徒，房玄齡爲司空。

九月，以魏征爲太子太師。

冬十月。

魏王泰上《括地志》。

許以新興公主嫁薛延陀。

宇文士及卒。

西突厥咄陸可汗爲其下所逐。遣使立射匱可汗。

十一月。

十二月，獵于驪山。

癸卯，十七年，春正月，鄭公魏徵卒。○注：謚文貞。鄭公没，帝曰：『朕亡一鏡矣！』圖功臣於淩煙閣。○注：漢宣帝麒麟圖功臣，漢明帝雲臺圖功臣，唐太宗淩煙圖功臣。

夏四月，太子承乾謀反，廢爲庶人。立晉王治爲皇太子。貶魏王泰爲東萊郡王。○注：一廢一貶，太宗可謂善處矣。以太子太保蕭瑀、詹事李世勣同中書門下三品。○注：考唐志，以僕射爲尚書之長兼同侍中中書令，故謂之三品，其後或不稱同中書門下，而止稱同三品，或稱仍同三品，益差舛矣。

齊州都督齊王祐反，伏誅。

貶魏王泰爲東萊郡王。

魏徵卒。

張亮爲洛州刺史。

高麗泉蓋蘇文殺其王建武。

六月，詔太子知左、右屯營兵馬事。

秋七月，房玄齡等上高祖《今上實録》。

九月，徙故太子承乾於黔州，順陽王泰於均州。○注：泰本東萊郡王，後以東萊郡王，徙爲順陽王。

甲辰，十八年，春三月。

徙順陽王泰于均州。

以薛萬撤爲右衛大將軍。

薛延陀來納幣，詔絶其昏。遣使册高麗王藏爲遼東郡王。

秋七月，以劉洎爲侍中，岑文本、馬周爲中書令。

郭孝恪擊焉耆，執其王突騎支。

九月，以褚遂良爲黃門侍郎，叅①預朝政。

冬十月，帝如洛陽，以房玄齡留守。

十一月，以張亮李世勣爲行軍太總管，詔親征高麗。○注：詔諭天下，蓋蘇文弒主虐民，今問其罪。

以張亮爲平壤大總管。○注：帥兵四萬、艦五百，自萊州泛海趨平壤。以李世勣爲遼東大總管。○注：帥步騎六萬及蘭河降胡趨遼東。

十二月，故太子承乾卒。

武陽公李大亮卒。○注：謚曰懿。

突厥徙居河南，可汗李思摩入朝。

①叅：古同『參』。

乙巳，十九年，春正月，帝發洛陽，封比干墓。

三月，帝至定州，詔皇太子監國。

夏四月，岑文本卒。以許敬宗檢校中書侍郎。諸軍至立菟新城。

五月，帝渡遼，拔遼東城，進軍白巖城，六月，降之。進攻安市城，大破其救兵于城下。

秋七月。

岑文本卒。李世勣拔蓋牟城。張亮拔卑沙城。

張亮至建安城，破高麗兵。

九月。 冬十月，帝還至營州，祭戰亡士卒。 贖諸軍所擄高麗民萬四千口。 十二月。	丙午，二十年，春正，帝還京師。 遣孫伏伽巡察四方。 二月，詔皇太子聽政。 閏月朔，日食。
以馬周攝吏部尚書。	殺刑部尚書張亮。○注：人告亮有反謀，故斬之。然反形未具，帝後悔之。
薛延陀真珠可汗死，子多彌可汗拔灼立。	

御批：漢唐以來，士人信從釋教者，往往有之，皆識見中無所上耳，若蕭瑀自請，則又愚之至矣。

冬十月。

十二月，帝生日罷宴樂，幸房玄齡第。

丁未，二十一年，春正月，申公高士廉卒。○注：謚文獻。

夏四月，作翠微宫。○注：初，上得風疾，苦京師盛暑，命修終南山太和廢宫爲翠微宫。

秋七月，作玉華宫。

八月，停詔封禪。

立子明爲曹王。○注：明乃帝納巢刺王元吉之妃所生，尋以繼元吉後。

貶蕭瑀爲商州刺史。○注：瑀因與同僚不合，自請出家，既而悔之。帝以瑀反覆，故貶之。

高士廉卒。

骨利幹遣使入貢。○注：骨利幹于鐵勒諸部爲最遠，晝長夜短。日没後天色正曛，煑①羊髀②適熟，日已復出矣。

①煑：同『煮』。 ②髀：大腹也。

冬十一月。

十二月。

戊申，二十二年，春正月，作《帝範》以賜太子。中書令馬周卒，以長孫無忌檢中書令。如玉華宮。

三月，故隋后蕭士卒。

夏四月。

五月，宋公蕭瑀卒。○注：謚貞褊。

	從順陽王泰爲濮王。		
		中書令馬周卒。	蕭瑀卒。
	遣阿史那社爾等擊龜茲。		西突厥葉護賀魯來降。 遣王玄策使天竺，因襲擊之，

司徒梁公房立齡卒。○注：謚文昭。

秋九月，以諸遂良爲中書令。

冬十月，帝還宮。

十一月。

十二月。

己酉，二十三年，春三月，帝有疾，詔太子聽政。

夏四月，如翠微宮。衡公李靖卒。○注：謚景武。

帝崩，長孫無忌、諸遂良受遺詔

房玄齡卒。

執其王以歸。

回纥吐迷度爲其下所殺。詔立其子婆閏。阿史那社爾擊龜兹，執其王布失畢。

李靖卒。

范氏曰：『太宗以武撥亂，以仁勝殘，其材略優于漢高而

輔太子還宮發喪。罷遼東兵。

六月，太子即位。以長孫無忌爲太尉，李勣爲開府儀同三司，并爲三品。

規模不及也，恭儉不若孝文而功烈過之矣。迹其性本强悍，勇不顧親，而能畏義好賢，屈己從諫，刻厲矯操，力於爲善，此所以有貞觀之治也。夫賢君不世出，自周武成康八百餘年，而後有漢，漢八百餘年而後有太宗，其所成就者如此，豈不難得哉？

秋八月，地震。葬昭陵。

九月，以李勣爲左僕射。

冬十二月。

詔濮王泰開府，置僚屬。

唐高宗皇帝。○注：太宗第九子，名治，凡在位三十四年，壽五十六歲。

庚戌，永徽元年，春正月，立妃王氏爲皇后。

詔衡山公主俟喪畢成昏。

秋九月。

高侃擊突厥車鼻可汗，擒之。

辛亥，二年。

秋七月。

八月，以于志寧張行成爲僕射、同三品，高季輔爲侍中。

西突厥賀魯殺射匱可汗，自立爲沙鉢羅可汗。詔武侯大將軍梁建方討之。

壬子，三年，春正月，以褚遂良爲吏部尚書、同三品。

梁建方破處月朱邪於牢山。○注：朱邪，處月之別種，世居蒲類海東，西突厥苗裔。本號朱邪，因其地有大磧名沙陀，故以沙陀爲號，朱邪爲姓。

三月，以宇文節爲侍中，柳奭爲中書令，韓瑗爲黃行侍郎、同三品。

秋七月，立陳王忠爲皇太子。

○注：王皇后無子，其舅柳奭爲后謀，以忠母微賤，勸后請立爲太子。上從之。

冬十一月。

癸丑，四年，春二月，以李勣爲司空。

濮王泰卒。

散騎常侍房遺愛及高陽公主謀反伏誅，遂殺荊王元景。

宇文節爲侍中，柳奭爲中書令。

唐憲宗時，有朱邪盡忠，始見於中國。其後有朱邪赤心，懿宗時賜姓李，名國昌。克用，其子也。

秋九月，北平公張行成卒。以褚遂良爲右僕射。	吳王恪，流宇文節於嶺南。	張行成卒。	
冬十二月。		高季輔卒。	西突厥咄陸可汗死。
甲寅，五年，春三月，以太宗才人武氏爲昭儀。〇注：武氏名曌，太原人。武氏護之女，初爲太宗才人。上爲太子入侍太宗，見而悦之。太宗崩，武氏出爲尼。時王皇后無子，蕭淑妃有寵，后令武氏長髮，納之后宫，欲以間淑妃之寵也。既而，武氏自扼殺其女以誣后，帝因欲廢后，立武氏。褚遂良屢諫不聽，終致篡位，幾貽宗社之禍。按貞觀十一年書，武氏爲才人，分注年十四，距太宗之終，又十有三年則武氏蓋十三年，在宫中侍太宗矣。當高宗爲太子入侍之時，見而悦之，已有無父淫烝[1]之意。若以春秋誅心之法論之，其去楊廣僅一間耳。			

①淫烝：淫亂。烝，指與上輩淫亂。

夏四月，帝在萬年宮，夜，大水。○注：夜，大雨水衝玄武門，上遽出乘高。俄而，水入寢殿，漂溺三千餘人。

六月，恒州大水○注：漂溺五千餘家。

冬十月，築長安外郭。大稔。

乙卯，六年，夏五月，以韓瑗爲侍中，來濟爲中書令。

秋七月。

柳奭罷。

以長孫無忌子三人爲朝散大夫。

屯衛大將軍程知節討沙鉢羅。以李義府爲中書侍郎。○注：義府表請立武昭儀也。義府，瀛州人。

九月，貶褚遂良爲潭州都督。○注：以諫武氏之不可爲后也。

冬十月，廢皇后王氏爲庶人，立昭儀武氏爲皇后。以中書侍郎李義府知政事。○注：已知其主廢立之謀矣。

丙辰，顯慶元年，春正月，以太子忠爲梁王，立代王弘爲皇太子。○注：弘，武后所生，四年矣。初許敬宗奏曰：『東宮所出本微。今知國家有正嫡，必不自安。恐非國家之福。』於是遂廢忠而立弘。

二月。

廢太子忠爲梁王。

贈武士彠爲司徒，賜爵周國公。

夏六月，詔以高祖配昊天於圜丘，太宗、五帝於明堂。

秋九月，括州暴風，海溢。○注：今處州府地。

冬十二月。

程知節討沙鉢羅，不克，免官。

丁巳，二年，夏五月，帝始隔日視事。

同秋八月，貶韓瑗、來濟、褚遂良皆爲遠州刺史。○注：因許敬宗、李義府誣瑗等潛謀不軌，貶瑗振州、濟台州、遂良愛州、奭象州。愛州在外夷安南國境内，屬清化府，未詳沿革。

以許敬宗爲侍中，杜正倫爲中書令。

詔廢六天之祀，合方邱神州爲一祭。冬十月，以洛陽宮爲東都。○注：武氏忌王肅之死，不居京師。故高帝崇飾別都以處之。		蘇方定擊沙鉢羅，獲之。	分沙鉢羅，立興昔亡、繼往絶二可汗。
戊午，三年，冬十二月，以許敬宗爲中書，辛茂將爲侍中，鄂公尉，敬德卒。○注：謚忠武。愛州刺史褚遂良卒。○注：幸其不與後四年七月之詔也。		尉遲敬德卒。 褚遂良卒。	
己未，四年，夏四月，以于志寧同三品，許圉師參知政事。○注：師，安州安陸人紹，之子。			

削太尉、趙公長孫無忌官，封黔州安置。○注：許敬宗迎武氏之意，以誣陷之也。 秋七月，殺長孫無忌、韓瑗、柳奭。○注：瑗，三原人，仲良之子			
庚申，五年，秋七月。 冬十月初，令皇后決百司奏事。	廢梁王忠爲庶人。		
辛酉，龍朔元年，夏六月。	徙潞王賢爲沛王。	鄭仁泰等敗鐵勒於天山。	鐵勒降。
壬戌，二年，春三月。 夏五月，以圉師爲左相。 秋八月，以許敬宗同三品。			

冬十月，以上官儀同三品，許圉師罷。	癸亥，三年，春正月，以李義府爲右相。夏四月，除名流巂州。○注：朝野稱慶。蓬萊宮成○注：即大明宮也。	甲子，麟德元年，春正月。	秋八月，以劉祥道、竇德立爲左、右相。冬十二月，殺同三品上官儀。劉祥道罷。
		殷王旭輪爲單于大都護。○注：殷王，皇子也。郇公孝協坐贓，賜死○注：权良之子。	梁王忠賜死。
颶海總管蘇海政，矯詔殺興昔亡可汗。			

乙丑，二年。夏四月，以陸敦信爲右相。冬十月，車駕發東都，十二月至泰山。	丙寅，乾封元年，春正月，封泰山，禪社首。車駕還過曲阜，祠孔子。至亳州，尊老君爲太上玄元皇帝。夏四月，車駕還京師。秋七月，以劉仁軌爲右相。竇德立卒。皇后殺其從兄武惟良。九月。冬十二月。
	李義府卒。竇德立卒。劉祥道卒。以李勣爲遼東大總管，伐高麗。

丁卯，二年，春正月，耕籍田。秋九月。		李勣拔高麗十七城。	
戊辰，總章元年。秋九月。冬十二月，以姜恪、閻立本爲左右相。		李勣拔平壤。高麗王藏降，高麗悉平。	
己巳，二年，秋九月，大風，海溢。○注：漂溺六千餘家。武氏入宮，水隨之。入宮以來，大水二，海溢二，陰盛之徵也。冬十一月。		李勣卒。	
庚午，咸亨元年，春正月。		許敬宗致仕，尋卒。	

		加贈武士獲爲太原王，夫人爲妃。	
辛未，二年。			
壬申，三年，春正月。		姜恪卒。	
癸酉，四年春，三月，詔劉仁軌修改國史。○注：以許敬宗所犯記，多不實也。			
秋七月，婺州大水。冬十月。		閻立本卒。	
十二月。			弓月疎勒來降。
甲戌，上元元年，春三月。秋八月，帝稱天皇，后稱天后。九月，天后表十二條，詔行之。		以武公承嗣爲周國公。○注：武后兄之子也。追復長孫無忌官爵。	

御批：弘之奏請義陽宣城二公主出降，洵仁厚之至。意弟方母后逞志，宜曲爲感悟，徐俟轉移，徑上聞于君父，致觸后母之怒，亦有自取之咎云。

乙亥，二年，春二月。

夏四月，太子弘薨，謚孝敬。皇帝立雍王賢爲太子。○注：李泌嘗言：『武后欲謀簒國，酖太子弘。』通鑒亦云。時人以爲天后酖[1]之。

秋七月。

八月，以戴至德、劉仁軌爲左右僕射，張文權爲侍中，郝處俊爲中書令。

丙子，儀鳳元年，秋九月。

冬十月，祫享太廟。

杞王上金澧州安置。○注：上金，高宗子。

鄅王素節袁州安置。

雞林道大總管劉仁軌討新羅，大破之。

狄仁傑爲侍御史。

①酖：嗜酒，沉溺。

○注：用博士史璨議，禘①後三年而祫②，祫後二年而禘。	○注：素節，蕭淑妃之子。		
丁丑，二年，春正月，耕籍田。 二月。			以高藏爲朝鮮王，扶餘降爲帶方王。
秋八月。	徙周王顯爲英王。○注：更名哲，即中宗也。		
戊寅，三年，春正月，百官四夷朝天。后於光順門。○注：元旦，百官朝后，始此。			
己卯，調露元年春，正月，幸東都。司農卿韋弘機免。		韋弘機免。○注：機造上陽等宮，太奢，狄仁傑劾之。	
二月。			吐蕃贊普死，子器弩悉弄立。

①禘：古代帝王或諸侯在始祖廟里對祖先的一種盛大祭祀。 ②祫：古代天子或諸侯把遠近祖先的神主集合在太廟里進行祭祀。

夏四月，命太子賢監國。

六月。

庚辰，永隆元年春，三月。

秋八月，廢太子賢爲庶人，立英王哲爲皇太子。○注：賢聞宮中竊議，以賢爲武氏姊，韓國夫人生，内自疑懼。方士明崇儼爲天后所信，嘗密稱『太子不堪承繼，英王貌似太宗』。會崇儼爲人所殺，天后疑太子所爲。遂使人伺其事于馬坊，得皂甲數百領，以爲反具，遂廢爲庶人。上欲宥之，不可得。

以裴行儉爲定襄道大總管，討突厥，平之。

遣裴行儉立波斯王。行儉襲執阿史那都支以歸。○注：那都支，西突厥部落。

按：弘、賢，皆武氏所出。始焉，溺殺其女，以陷王后。繼焉，廢殺二子，以逞其欲。婦人之陰險可畏，未有若是之甚者。

辛巳，開耀元年春，正月。宴百官及命婦于麟德。

三月以劉仁軌爲太子少傅。

秋七月。太平公主適薛紹。○注：紹母，太宗女城陽公主也。

冬十月，徙故太子賢於巴州。

壬午，永淳元年春正月，皇孫重照爲皇太孫。○注：未有太子在而立太子孫者也。

夏四月，關中饑。上幸東都。

裴行儉卒。

閏喜憲公裴行儉卒。

秋七月，作奉天宮。

〇注：宮在嵩山之南。

冬十月，以劉景先同平章事。

零陵王明自殺。

〇注：曹王明以太子賢黨降，封零陵王，黔州安置。至是都督謝祐希天后意，逼使自殺。

裴行儉卒。

以婁師德爲河源軍經略副使。

安西都護王方翼破西突厥，平之。

突厥骨篤祿寇并州，薛仁貴大破之。

癸未，弘道元年，秋七月，詔太子監國，以裴炎、劉景先、郭正一兼東宮平章事。

冬十二月，帝崩。太子正位，尊天后爲皇太后。〇注：上疾，詔裴炎入，受遺而崩。遺詔：太子即位，軍國大事有不決者，兼取天后。進止。中宗即位，尊天后爲皇太后，政事咸決取焉。

唐中宗皇帝。○注：名哲，高宗子。既立，爲武后所廢，復辟。共前後在位二十六年，壽五十五歲。

甲申，嗣聖元年。○注：二月，睿宗文明元年。九月，太后光宅元年。不紀光宅，黜武氏也。曷爲不以文明大書？不與武氏之得廢立也。故從唐鑒，以嗣聖紀年。

昔范公祖禹修《通鑒》，分職《唐史》，著爲《唐鑒》一書，取法《春秋》，黜武氏之號，繫嗣聖之年。而通鑒則本之唐史，列武氏於本紀，即以光宅紀元，自後盡用武氏之號。今《綱目》止以嗣聖紀年，終武氏世。是雖與范氏相出入，要亦求其是而已。夫中宗，國之正統，武氏無故廢之，甚至革命易姓，無異莽、操所爲。然天下猶唐之天下，武氏安得而絕之？《綱目》繫嗣聖而絕光宅，所以扶三綱、立人極示天下，以正大之義，使後世賊亂之徒無以自立於天下爾。或曰：呂后制朝，何不繫惠帝之年？曰：惠帝既没，固無年之可紀，况呂后又取他人子，名爲惠帝子而立之。故綱目但以兩行分注紀呂氏之年已，足見其非正統之意。固不得與中宗尚在者比，而得以繫嗣聖之號也。

春正月，立妃韋氏爲皇后。

二月，太后武氏廢帝爲廬陵王，立豫王旦。〇注：中宗欲以后父韋元貞爲侍中，裴炎固爭，中宗怒曰：『我以天下與韋元貞，有何不可？而惜侍中耶？』裴炎懼，白太后密謀，廢立爲廬陵王。中宗曰：『我何罪？』太后曰：『汝欲以天下與韋元貞，何得無罪？』乃幽於別所，立豫王旦爲皇帝，妃劉氏爲皇后。永平王成器爲太子。廢太孫重照爲庶人，改元文明。

武氏始御紫宸殿。

三月，武氏殺故太子賢。

夏四月，武氏遷帝於房州，又遷於均州。

閏五月，以武承嗣同三品。

秋七月，温州大水。

八月，葬乾陵，○注：在西安府乾州西北五里梁山，與武后合葬。括州大水。

九月，武氏改元光宅及服色官名。立武氏七廟。英公李敬業起兵楊州，武氏遣李孝逸擊之。李敬業取潤州，孝逸擊殺之。

乙酉，二年。○注：武氏垂拱元年。春正月，帝在均州，○注：每歲首書帝所在存正統也。

三月，武氏遷帝於房州。

夏六月。

秋七月。

殺侍中裴炎。

以僧懷義爲白馬寺主。

以阿史那元慶爲興昔亡可汗。

丙戌，三年。○注：武氏垂拱二年。

春正月，帝在房州。武氏歸政於豫王旦，尋復稱制。○注：武氏詔復政事於皇帝，睿宗知非誠心，奉表固讓，武氏復臨朝稱制。

夏四月，鑄太儀。

六月，以蘇良嗣、韋待價爲左、右相。

秋九月，有山出於新豊。○注：武氏改新豊爲慶山縣，山在西安臨潼縣東南三十五里，因風雷湧出，初，高六尺餘，漸至二百餘尺。以狄仁傑爲冬官侍郎。

狄仁傑爲侍郎。

以突厥斛瑟羅爲繼往絶可汗。

丁亥，四年，○注：垂拱三年。春正月，帝在房州。

秋九月，虢州人楊初成矯制募人，迎帝房州，武氏殺之。

戊子，五年，○注：垂拱四年。春正月，帝在房州。

二月，毀乾元殿，作明堂。

夏五月，武氏加號聖母神皇。

六月，河南巡撫太使狄仁傑奏焚淫祠。

秋八月，琅琊王沖、越王貞舉兵匡復，不克而死，武氏遂大殺唐宗室。武氏以蹇味道、王本立同平章事。武氏拜洛受圖。

琅琊王沖，越王貞舉兵克復，不克而死。○注：沖即貞之子也。時霍王元軌、韓王元嘉、魯王靈夔、元嘉子黃公撰、元軌子江都王緒虢王鳳子東莞公融及常樂公主皆爲太后所殺。

己丑六年。○注：武氏永昌元年。春正月，帝在房州。武氏大饗萬象神宮。○注：武氏服袞冕，搢①大圭，執鎮圭爲初獻；皇帝爲亞獻；太子爲終獻。周國先王亦與饗焉。禮畢，御門，大赦。又尊周忠孝王爲太皇，妣爲太后，墓曰昊陵、順陵。

夏四月。

九月。

殺汝南王煒、鄱陽公諲等十二人，及天官侍郎鄭立挺徙紀王慎于巴州，道卒。

以僧懷義爲新平道大總管，討突厥。

①搢：古人所佩的飾帶；插。

閏月，武氏殺同平章事魏玄同。

冬十月。

十一月，武氏享萬象神宮，始用周正。○注：周士彠始封國也。武氏自名曌，改詔曰制。除唐宗室屬籍。○注：從周興之請也。

殺鄭王璥等六人。

庚寅，七年。○注：武氏天天授元年。

春正月，帝在房州。以武承嗣爲左相。

二月，策貢士於洛城殿。○注：殿試自此始。

秋七月。

流舒王元名於和州。

殺澤王上金、許王素節。殺南安王穎等十一人，及故太子賢一子。

九月，武氏改國號曰周，稱皇帝，以豫王旦爲嗣，改姓武氏。

按：武氏臨朝篡位也，改李爲武，篡唐也。而《綱目》終武氏世，總以中宗嗣聖紀年者，存正統扶大義也，如紀事各冠以太后，是予武氏之篡廢也，然猶不失唐之爲唐也。嗣聖七年以后武氏革命，凡事冠以周字，是天下幾不爲唐有也。而中宗嗣聖之號又何以書？惟七年，以前，歲首及異事，只冠以武氏，削去太后；七年以後，照新莽例，但斥以曌，不必冠以周。既足誅其篡竊之罪，亦不與其废立之非，而与中宗嗣圣之書，庶不相戾矣。

冬十月，以徐有功爲侍御史。

西突厥入居内地。

○注：按《綱目》名號例，曰簒賊曰某。據王莽改國號曰新，《綱目》每書但冠以『莽』字，未嘗冠以『新』字。此處直書『曌』，不必書周，庶合朱子立例之意，且無唐經亂周紀之失也。

十一月，曌易服色，置改社稷宗廟。

辛卯，八年，○注：武曌天授二年。春正月，帝在房州。

二月，曌流其右丞周興於嶺南。

秋七月，徙關内户數十萬實洛陽。

八月。

改義豐王光順等姓武氏，幽之宫中。○注：光順，太子賢之子也，與弟守禮、守義及睿宗諸子皆幽閉宫中，不出門庭者十餘年。

○注：西突厥自垂拱以來，爲東突厥侵掠殆盡。繼往可汗斛瑟羅收其餘衆，入居内地。武氏以爲竭忠事主可汗。

九月，狄仁傑同平章事。曌殺其同平章事格輔元、右相岑長倩納言歐陽通。

壬辰，十年。○注：武曌如意初年，再改長壽。春正月，帝在房州。

秋七月，左相武承嗣罷，以李昭德同平章事。

九月，曌更以九月爲社。

冬十月，曌殺豫王妃劉氏。

癸巳，十年。○注：武曌長壽二年。春正月，帝在房州。曌以婁師德同平章事。

夏五月，棣州河溢。○注：流二千餘家。

武曌自號金輪聖神皇帝。	甲午，十一年。○注：武曌延載初年。 春正月，帝在房州。 夏五月，武曌加越古之號。 秋九月。 冬十一月，武曌加慈氏之號。	乙未，十二年。○注：武曌天册萬歲初年。 春正月，帝在房州。 夏四月，曌鑄天樞成。○注：武三思請鑄銅鐵爲天樞，刻太后功德，立于端門之外，高一百五尺，徑十二尺。武三思爲文，武曌自書其傍曰：大周頌德天樞。 秋九月，武曌自號天册金輪皇帝。
	貶李昭德爲南賓尉。	
突厥可汗骨篤禄死。○注：子幼弟默啜立。		

冬十月。

十二月，武曌封嵩山，禪少室。

丙申，十三年。○注：武曌萬歲通天初年。春正月，帝在房州。

冬十月，以姚元崇爲夏官侍郎，以徐有功爲殿中侍御史。

十一月，曌以張昌宗爲散騎常侍，張易之爲司衛少卿。○注：昌宗、易之年少，美姿容，太平公主薦之。入侍禁中，皆得幸于太后，常傳朱粉衣錦綉，賞賜不可勝紀。谓易之爲五郎，昌宗爲六郎。

突厥默啜遣使請降。

安平王武攸緒棄官隱嵩山。

姚元崇爲夏官侍郎。

徐有功爲殿中侍御史。

殺箕州刺史劉思禮等三十六家，流其親屬千余人。○注：吉頊以思禮謀反告來俊臣，使上變告之。武氏使武懿宗推之。

丁酉，十四年。○注：武曌神功初年。

春正月帝在房州。

三月。

夏四月，曌鑄九鼎。○注：九州鼎也，各圖山川物産於其上。鑄太儀[1]矣，鑄天樞[2]矣，於是又鑄九鼎焉，泰巳甚矣。

六月。

冬閏十月，復以狄仁傑同平章事。

懿宗使思禮廣引朝士，許免其死。於是，思禮引李元素、孫元亨三十六家，皆海内名士，咸族誅之。

來俊臣伏誅。

立突厥默啜爲可汗。

①太儀：天帝的宫廷。②天樞：唐延載元年，武則天所立自紀功德的柱子。

戊戌，十五年。○注：武曌聖歷初年。春三月，帝還東都。○注：曌欲立武三思爲太子，狄仁傑曰：『姑姪與母子孰親？』曌稍悟，遂勸還廬陵王。

秋八月，以狄仁傑兼納言。

九月，武曌以帝爲皇太子、河北道元帥，狄仁傑副之，以討默啜。○注：皇嗣固請遜位于廬陵王，武許之。立爲太子，復名顯，賜姓武氏。命太子爲河北道元帥以討默啜。

冬十月，以狄仁傑爲河北道安撫大使，以姚元崇同平章事。

十一月，以豫王旦爲相王。曌置控鶴監。○注：控鶴監率皆嬖寵之人。

十二月，以魏元忠同平章事。

己亥，十六年。○注：武曌聖曆二年。

春正月，帝在東宮。

二月。帝及武攸暨等誓於明堂，○注：曌恐身後與諸武不相容也。

秋八月，納言婁師德卒。

婁師德卒。○注：按武氏之亂，仕於其朝者，皆僞官也，然能引薦忠賢，卒成匡復之功者，惟狄仁傑一人耳。然而薦仁傑者，婁師德也，況師德寬厚清慎、盛德長者。卒，謚曰貞，非虛美之詞。

吐蕃贊婆弓仁降。

突厥默啜以其子匐俱爲小可汗。

御批：仁傑在當時爲諸臣第一，武后亦以第一流目之人臣，特患不能竭忠爲國，爾若果盡誠無二，不以身家爲念，

庚子，十七年。○注：武曌久視初年。

春正月，帝在東宫。

夏六月，曌以張易之爲奉宸令。

○注：曌改控鶴監爲奉宸府，以易之爲令，取其便於嘲謔也。又命與李嶠等修三教珠英以掩其跡。司空、梁文惠公狄仁傑卒。

冬十月，復以正月爲歲首。

○注：武氏自六年十一月始用周正，改十一月爲正月，十二月爲臘月，正月爲十一月。至是，凡十二年間，

狄仁傑卒。○注：狄仁傑仕僞周，爲内史曲盡忠誠，迎中宗還宫，反正唐室。卒于周，中宗復位，贈司空；睿宗追贈梁公。

雖當艱危之際，亦可深蒙主眷，况朝廷清　明乎？

前史皆從其説，每歲十一月書於歲首，以爲正月。繼書臘月、一月。而《綱目》止用夏正，初未嘗爲之改易，今此雖書『周複以正月爲歲首』，其實歲首固已自用正月，不待是年而後復此，皆斥絕武曌，不予其改易唐家之正朔也。

以韋安石同平章事。

辛丑，十八年。○注：武曌大足初年，又改長安。春正月，帝在東宮。

夏六月，以李迥秀同平章事。

冬十一月。

以崔立暐爲天官侍郎。以郭元振爲涼州都督。

壬寅，十九年。○注：武曌長安二年。春正月，帝在東宮。

秋八月，曌賜張昌宗爵鄴國公。
九月朔日食，不盡如鉤，

冬十二月，

曌以張嘉貞爲監察御史。

癸卯，二十年。○注：武曌長安三年。
春正月，帝在東宮。
三月朔，日食。

秋九月朔，日食既。○注：呂后末年，日食既，未幾而卒。武氏至是，日食再既，明年亦卒。曌貶魏元忠爲高要尉，流張説于嶺南。

吐蕃贊普器弩悉死于軍中，子爭立，久之，國人立其子棄隸蹜贊。

甲辰，二十有一年。○注：武曌長安四年。

春正月，帝在東宮。曌作興泰宮。○注：從武三思之議也。 夏四月，以崔元煒同平章事，以姚元崇爲春官尚書。 秋九月，以姚元之爲靈武道安撫大使。○注：時突厥叱利元崇反，武氏命姚元崇以字行。 冬十月，以張柬之同平章事。	十二月。	乙巳，神龍元年。春正月，張柬之等舉兵討武氏之亂。張易之、昌宗伏誅。帝復位，大赦。
	周張昌宗下獄，既而赦之。	
曌以阿史那懷道爲西突厥十姓可汗。		

○注：太后疾甚，亞易之、昌宗居中用事，張柬之、崔元煒等謀誅之。俄而姚元之自靈武至都，柬之遂以其謀告之。時太子于北門起居，桓彦範、敬暉謁見，密陳其策，太子許之。柬之等帥羽林兵五百餘至元武門，遣李多祚、李湛等詣東宫迎太子，斬關而入，斬易之、昌宗于廡下。進至太后所寢長生殿，太后驚起問曰：『亂者誰邪？』多祚等對曰：『願陛下傳位于太子，以順天下之望。』于是收張昌期等，皆斬之。遂以太后制命太子監國，遣使宣諭諸州。明日，太后傳位于太子，中宗復位，大赦。

遷太后于上陽宫，尊號曰則天大聖皇帝。○注：至是，又復其號曰太后，曰皇帝者，罪唐朝之君臣也。

以張柬之、袁恕己同三品，崔元暐爲内史，敬暉、桓彦範爲納言，李多祚等進官，賜爵有差。

二月，復國號曰唐。○注：改唐爲周，特見于稱呼，施之文移耳，人心天意之在唐者，固未嘗有渝也。武氏一旦去位，則唐之社稷固自如也，又何俟于復哉？革去周號，唐斯在矣。復立韋氏爲后，贈后父元貞上洛王。○注：初，帝在房州，韋后與同幽閉。至是韋后預政如武后在高宗時。以武三思爲司空。○注：中宗初政即以贈后父爲王，武三思爲司空，其禍根已成矣。

貶譙主重福爲均州刺史。○注：重福上之庶子也，韋后所惡，故貶之。

三月，徵武攸緒爲太子賓客。

○注：旋請還山，許之。

夏五月，遷周廟主于西京，仍避其諱。賜敬暉等五人王爵，罷其政事。皇后表請改易制度，從之。

秋七月，河南北十七州大水。制求直言。

九月，改葬上洛王韋元貞。

冬十一月，群臣上皇帝、皇后尊号。上御楼观潑寒胡戏①。皇太后武氏崩。

敬暉爲平陽王，桓彦範爲扶陽王，張柬之爲漢陽王，袁恕己爲南陽王，崔元暐爲博陵王。

①潑寒胡戲：古代西域的一種樂舞。每年十一月嚴寒時，由勇壯少年裸體結隊而舞，鼓樂伴奏，觀者以水潑之。

○注：年八十二歲，崩于上陽宫。遺制去帝號，赦王、蕭二族，及褚遂良、韓瑗、柳奭親屬。

户部奏是歲天下户口之數。

○注：户六百一十五萬，口三千七百一十四萬有奇。

丙午，二年，春正月，制太平、安樂公主各開府，置官屬。

二月，置十道巡察使。夏四月殺處士韋月將，以尹思貞、朱璟爲刺史。○注：以月將上書告武三思之潛通宫掖也。

五月，葬則天皇后于乾陵。

○注：乾陵，高宗之墓。

六月，貶敬暉、桓彦範、張柬之、袁恕己、崔元暐爲遠州司馬。

太平、安樂公主各開府，置官屬。

秋七月，立衛王重俊爲皇太子。

○注：太子性明果而官屬所爲多不法。

冬十月，車駕還西京。

敬暉、桓彥範、張柬之、袁恕己、崔元暐爲武三思所殺。

○注：二張既除，三思不誅，以五王不知大義，失于處斷，以致于此。

十二月。

突厥默啜寇鳴沙。

丁未，景龍元年，春三月。

夏六月朔，日食。

秋七月，太子重俊起兵討武三思、武崇訓，兵潰而死。帝、后并加尊號。貶魏元忠爲務川尉，道卒。

冬十二月朔，日食。

吐蕃遣使入貢。

戊申，二年，秋七月，始用斜封墨敕除官。○注：安樂、長寧公主上官婕妤，降墨敕除官，斜封付中書，時人謂之『斜封官』。 冬十一月，徵武攸緒入朝。以婕妤上官氏爲昭容。	安樂公主適武延秀。○注：延秀，崇訓之弟。崇訓死公主悦延秀而適之。		牛師獎與突厥施娑葛戰，敗没。遂赦娑葛，立爲可汗。
己酉，三年春，正月，帝幸元武門觀宮女拔河。 秋七月。 冬十一月，祀南郊。			突厥施娑葛遣使請降。○注：賜名守忠。
庚戌，四年。○注：睿宗皇帝景雲元年。 春正月，帝觀燈于市里。			

帝御梨園。

夏四月，幸隆慶池。○注：相王子五王列第于池北，望氣者言：『常鬱鬱[1]有帝王氣，比日尤盛。』上幸池，宴侍臣以厭之。

六月，皇后韋氏弑帝于神龍殿，以裴談、张錫同三品，張嘉福、岑羲、崔湜同平章事。立温王重茂。○注：初燕欽融上言皇后淫亂，干預國政，宗楚客圖危社稷。上面詰之，欽融抗言不撓，楚客矯制撲殺之。上意怏怏，由是后及其党始懼。馬秦客、楊均皆幸于后，恐事泄；安樂公主亦欲后臨朝，以己爲皇太女，乃相與合謀，于餅餤中進毒。中宗崩。○按中宗之所爲，設當日不被武后之廢，則天下縱不爲周，亦未必爲唐有也。觀韋氏神龍。

①鬱鬱：文采美盛的樣子。

臨淄王隆基起兵討韋氏，并其黨皆伏誅。隆基爲平王，以鍾紹京、劉幽求參知機務，李日知同三品。蕭至忠等貶官有差。○注：臨淄王隆基，相王子。罷潞州别駕，在京師陰聚才勇之士，密謀匡復。相王旦即帝位，廢重茂爲温王。○注：劉幽求言於隆基，請相王早即位以鎮天下。遂以少帝制傳位相王。

立平王隆基爲皇太子。○注：睿宗即位，欲立太子，以宋王成器嫡長平王，隆基有功，疑不能決。成器辭曰：『國家安則先嫡長，危則先有功臣。死不敢居平王之上。』上從之，立隆基爲太子。

追削武三思等爵謚，暴其尸。

以薛稷參知機務。以姚元之同三品。加太平公主實封萬户。贈燕欽融諫議大夫。

秋七月，贈韋月將宣州刺史。追復故太子重俊位號，及敬暉五人官爵。以宋璟同三品。追廢韋后、安樂公主爲庶人。

八月，罷斜封官。○注：所罷數千人。用姚元之、宋璟及御史大夫畢構之言也。

冬十月。

譙王重福反，伏誅。

以薛訥爲幽州經略節度大使。

十一月，以姚元之爲中書令，葬定陵。○注：西安府富平縣西北。

十二月，以西城、隆昌二公主爲女官。○注：公主爲女官，終《綱目》一書而已。○官或作冠，謂女爲道家者流。以宋璟爲吏部尚書，姚元之爲兵部尚書。

辛亥，睿宗皇帝景雲二年，春正月，以郭元振、張説同平章事。

二月，命太子監國。以宋王成器爲同州刺史，豳王守禮爲豳州刺史，太平公主蒲州安置。

西城、隆昌二公主爲女官。

○注：節度之名始此○訥，絳州龍門人，仁貴之子。

許公蘇環卒。

突厥默啜遣使請和。

○注：此姚元之、宋璟以太平公主有欲危太子之謀，故請命太子監國，出二王刺史，公主安置蒲州。復斜封官。○注：從太平公主之誣也。貶姚元之爲申州刺史，宋璟爲楚州刺史。寢二王刺史之命。○注：公主聞姚宋之謀，大怒，以讓太子。太子懼，奏二人離間姑兄，故有是命。

夏四月，制政事皆取太子處分。

五月，召太平公主還京師。

太平公主安置蒲州。

太平公主還京師。

六月，置十道按察使。
秋七月，追復上官氏爲昭容。
冬十一月，召司馬承禎至京師，尋許還山。

壬子，太極元年。〇注：玄宗皇帝先天元年。春正月，祀南郊。
夏五月，祭北郊。
秋七月，彗星出西方，入太微。以竇懷貞爲左僕射，平章軍國重事。
八月，帝傳位于太子，太子即位，尊帝爲太上皇。〇注：按，睿宗之于中宗，未有以甚相遠也。自景雲二年以來，《綱目》所書二十二事，爲公主而設者，十有二焉。朝廷大政惟公主是從，使非早授大位，其不爲中宗者，幾希矣。

竇懷貞爲左僕射。

立妃王氏爲皇后。

九月朔，日食。

冬十月。

玄宗明皇帝。○注：名隆基，睿宗子。在位四十四年，壽七十八歲。

癸丑，開元元年，春正月，以蕭至忠爲中書令。

二月，御樓觀燈，大酺。

夏五月，罷修大明宮。

六月，以郭元振同三品。

沙陁金山遣使入貢。

以高麗大祚榮爲渤海郡王。○注：大祚榮姓大氏，本粟靺鞨附高麗者。

秋七月，太平公主謀逆，賜死。蕭至忠、岑羲、竇懷貞、崔湜伏誅。以高力士爲右監門將軍，知内侍省事。以張説爲中書令。

八月，以劉幽求爲左僕射，平章軍國大事。

死。

太平公主賜

蕭至忠、岑羲、竇懷貞、崔湜伏誅。高力士爲將軍，知内侍省事。○注：宦官之盛自此始。按：宦官用權莫盛于唐，尊爲上皇，以兵劫之，貴爲天子以父呼之，甚至弒君弒后，豈特與政而已哉？追原其自始于高力士，盛于李輔國，而極于劉季連，皆由諸帝狎近便嬖[1]，授以國命而不可奪，此非用權者之過，用之以權者之過也。

[1]便嬖：能説會道，善於迎合的寵臣，親信。

九月，罷諸道按察使。

冬十月，講武于驪山。以姚元之同三品。

十一月，群臣請加尊號。

十二月，改官名。○注：僕射爲丞相，中書爲紫微省，長史爲尹，司馬爲少尹。以姚崇爲紫微令，張説爲相州刺史。○注：元之避開元尊號，復名崇。劉幽求罷，以盧懷慎同平章事。

甲寅，二年春，正月，置左右教坊。沙汰僧尼。

三月朔，太史奏日食，不應。

黜涪州刺史周利貞等十三人。

〇注：姚崇表賀，姚崇之諛也。

復置十道按察使。毀天樞。

夏六月，以宋王成器等爲諸州刺史。

秋七月，焚珠玉錦繡於殿前。襄王重茂薨于房州，謚曰殤皇帝。作興慶宮。

八月，出宮人。以武后鼎銘頒示中外。

宋王成器領岐州，申王成義領豳州。〇注：二王，上之兄也。岐王範領濟州，薛王業領同州。〇注：二王，上之弟也。豳王守禮領虢州。〇注：上之從兄也。

〇注：以利貞等天后時酷吏也。

○注：武后鼎銘有雲：『上天降鑒，方建隆基』。薛謙光以爲上受命之符，獻之。姚崇表賀，亦諛也。敕諸州修常平倉法。

冬十二月以子嗣真爲鄫王，立嗣謙爲皇太子。○注：長子嗣真，劉妃所出。次嗣謙，趙妃所出。趙妃以倡進。

乙卯，三年，秋七月朔，日食。九月，置侍讀官。○注：侍讀之名始于此。郴州刺史劉幽求卒。

冬十二月。

丙辰，四年，春正月。

以鄫王嗣真爲安北大都護，陝王

劉幽求卒。

西域八國請降。

以突厥施部將蘇禄爲金方道經略大使。

夏六月，太上皇崩。

秋八月，遷中宗于别廟。〇注：以太廟七世已滿，遷中宗主于别廟，奉睿宗神主附太廟。

冬十月，葬橋陵。〇注：在西安府蒲城縣豐山。以源乾曜同平章事。

十二月，以宋璟爲西京留守。

閏月，姚崇、源乾曜罷，以宋璟爲黄門監，蘇頲同平章事，罷十道按察使。

嗣昇爲安西大都護。〇注：二王皆不出閤，諸王遥領節度，自此始。

拔曳固斬突厥默啜以降。

突厥降户叛，薛訥等追討之。

丁巳，五年，春正月，太廟四室壞，行幸東都。 秋七月。 九月，令史官隨宰相入侍，群臣封仗奏事。 冬十二月，詔訪逸書。		以張嘉貞爲天兵軍大使。 謫孫平子爲都城尉。○注：以諫遷中宗主也，可惜！平子，伊闕人。	
戊午，六年春正月，徵嵩山處士盧鴻爲諫議大夫，不受。○注：鴻幽州人。 冬十一月，帝還西京。			吐蕃請和。
己未，七年，夏五月朔，日食。 秋九月。	徙宋王憲爲寧王。○注：憲，成器改名也。		以突厥施蘇禄爲忠順可汗。

庚申，八年，春正月，宋璟、蘇頲罷。以源乾曜、張嘉貞同平章事。夏五月，復置十道按察使。以源乾曜爲侍中，張嘉貞爲中書令。 六月，瀍、穀溢。	辛酉，九年，春二月。 秋七月。 九月朔，日食。梁文獻公姚崇卒。
	姚崇卒。○注：謚文獻。
朔方大使王晙誘殺突厥降户僕固勺磨。	突厥遣使求和。 蘭也州胡康待賓反，王晙等擒斬之。 康待賓餘黨復叛。○注：康願子反，自稱可汗。

以張説同三品。

冬十一月，罷諸王都督、刺史，召還。

安州別駕劉子玄卒。〇注：表良史也，子玄即知幾字。

壬戌，十年，春正月，幸東都。

夏五月，伊、汝水溢。

六月，制增太廟爲九室。〇注：遷中宗還太廟。

秋。

冬十二月。

張説巡邊，討康待賓餘黨，平之，奏罷邊兵二十萬人。

永穆公主適王鈞。

癸亥，十有一年，春正月，帝北巡，以并州爲太原府，置北都。

二月，祭后土於汾陰。

三月，帝至西京。 秋八月，尊獻祖、懿祖，祔于太廟。○注：宣帝爲獻祖，光帝爲懿祖。	甲子，十有二年，夏五月，停按察使。○注：自景雲二年，至是十四年，凡三置二罷，及二年而復置，政令之不一，甚矣。 秋七月，廢皇后王氏。○注：以后無子，后兄守一爲后祈祭也。 冬十一月，帝如東都。		乙丑，十有三年，春二月。 夏四月，更集仙殿爲集賢殿。 秋九月，禁奏祥瑞。 冬十月，作水運渾天成。
	以杜暹爲安西副大使。	以楊思勗爲輔國大將軍。	禁錮酷吏來俊臣子孫。

十一月，封泰山。車駕還，幸孔子宅。○注：書幸誠不足也。至宋州。十二月，帝還東都。大有年。	丙寅，十有四年，春正月，命張説修五禮。夏四月，以李元紘同平章事。五月，户部奏今歲户口之數。○注：户七百六十萬九千五百六十五，口四千一百四十一萬九千七百一十二。秋七月，河南北大水。八月，以杜暹同平章事。
	岐王範卒，贈謚惠文太子。
以王毛仲爲開府儀同三司。○注：王毛仲爲閑廄使，善于其職，馬蕃加倍，故加之。	

冬十月。			黑水靺鞨遣使入見。
丁卯，十有五年，夏五月，作十王宅，百孫院。 秋七月，許文憲公蘇頲卒。 冬十月帝還西京。		蘇頲卒。○注：謚文忠。	突厥遣使入貢。
戊辰，十有六年，春二月，以張説兼集賢院學士。 冬十一月，以蕭嵩同平章事。			
己巳，十有七年，春三月，限明經進士每歲毋過百人。 夏四月，禘于太廟。 五月，杜暹、李元纮、源乾曜罷。以宇文融、裴光庭同平章事，蕭嵩兼中書令。			

秋八月，以帝生日爲千秋節。冬十月朔，日食。	庚午，十有八年，夏四月，築西京外郭。以裴光庭兼吏部尚書。	六月，洛水溢。	冬十月。	辛未，十有九年，春正月，以詩書賜吐蕃。上躬耕于興慶宮側。○注：盡三百步。三月，置太公廟。
		以忠王浚領河北道行軍元帥，帥十八總管討奚契丹。○注：浚即陝王嗣昇也，更封改名。		
工部尚書張嘉貞卒。				王毛仲賜死。
			吐蕃遣使入貢。	

冬十二月，幸東部。

壬申，二十年，春正月。
二月朔，日食。
秋八月朔，日食。
冬十一月，祀后土于汾陰。
十二月，還西京。

遣信安王禕擊奚契丹，大破之。

癸酉，二十有一年，春三月，以韓休同平章事。
秋七月朔，日食。
冬十月，左丞相宋璟致仕，歸東都。以裴耀卿同平章事，起復張九齡同平章事。○注：時九齡居母喪，自韶州入見，求終喪，不許。分天下爲十五道，置采訪使。

裴光庭卒。

韓休罷。

甲戌，二十有二年，春正月，幸東都。

二月，秦州地震。○注：壓死四千餘人。

夏五月，以裴耀卿爲侍中，張九齡爲中書令，李林甫同三品。上芟①麥于苑中。

冬十二月朔，日食。

以方士張果爲銀青光禄大夫。○注：果自言有神仙術。堯時爲侍中，多往來恒山中。帝迎入禁中，號通玄先生，厚賜還山，後卒。○按：堯時未聞有侍中之官，使果爲之，豈歷虞夏、商周略無所聞耶？况未幾而遂死乎？

幽州節度使張守珪斬契丹王屈烈及可突干。突厥毗伽可汗爲其大臣梅金啜毒死，其子登利可汗立。

①芟：割草。

乙亥，二十有三年，春正月，帝耕籍田，御樓酺宴①。

秋七月。

冬閏十月朔，日食。

十二月，册壽王妃楊氏。○注：楊妃，容州普寧縣雲淩里人，父維母葉氏生妃有異。質都部署楊康求爲女，時楊玄　爲長史，又從康求爲女，擕入京師，進壽王宮。

加咸陽宜公主實封千户。○注：公主，武惠妃女。

丙子，二十有四年，春二月，皇太子更名瑛。○注：諸皇子皆更之，忠王浚改曰璵。

①酺宴：天子賜臣民歡聚飲酒。

秋八月，張九齡上千金鑒録。
冬十月，帝還西京。

十一月，裴耀卿、張九齡爲左右丞相，以李林甫兼中書令，牛仙客同三品。

丁丑，二十有五年，春二月，立明經問義進士試經法。

夏四月，殺監察御史周子諒，貶張九齡爲荊州刺史。○注：以子諒彈牛仙客非相才也。子諒乃九齡所薦故貶之。廢太子瑛、鄂王瑶、光王琚而殺之。○注：玄宗隋文用楊素而黜太子勇，然猶未至殺之也。玄宗用林甫而廢太子瑛，又并瑶、琚無罪而殺之，其惡甚矣。

賜朔方節度使牛仙客爵隴西縣公。

秋七月，大理寺奏有鵲來巢。賜李林甫爵晉國公，牛仙客豳國公。行和糴法，停江淮運。

冬十月，開府儀同三司廣平文貞公宋璟卒。

十二月，惠妃武氏薨，追謚貞順皇后。○注：后，攸正之女也。

戊寅，二十有六年，春正月，令天下州縣皆置學。

宋璟卒。○注：謚文貞。

夏六月，忠王玙爲皇太子，改名亨。			突厥施殺其蘇禄可汗，立其骨啜爲吐火仙可汗。○注：蘇禄爲酋長莫賀達于所殺。
秋九月朔，日食。 冬十月，作行宫于兩都間。○注：凡千餘間。			冊南詔皮羅閣爲歸義王。○注：南詔之先本哀牢夷。蠻語謂王曰詔，有六詔，蒙語舍最在南，故謂之南詔。
己卯，二十有七年，秋八月，追謚孔子爲文宣王。			磧西節度使葢嘉運擊突馳施，擒其骨啜可汗。
庚辰，二十有八年，春正月，荊州長史張九齡卒。○注：謚文獻。		張九齡卒。	

○注：上雖以九齡忤旨，逐之，然愛重其人，每宰相薦士，輒問曰：『風度得如九齡不乎？』

三月朔，日食。

以阿史那昕爲十姓可汗。

冬十一月，是歲户口之數。

○注：户八百四十一萬二千八百，口四千八百一十四萬三千六百。西京、東都米斛直錢不滿三百，絹匹亦如之。海内富安，行者萬里不持寸兵。

立莫賀達干爲突騎施可汗。

辛巳，二十有九年，春正月，立賑饑法。

夏閏四月，得玄元皇帝像。

○注：上夢玄元皇帝云：『吾像在京城西南百餘里。』遣使求得之于盩厔①，迎置興慶宫。

○按：高宗誕慢荒忽，既夢老君之像，遣使求之，正使無有而使者，亦必附會來上，妖由人興。未幾而田同秀寶符之事，夫豈無自而來哉？

①盩厔：縣名，在中國陝西省，今作周至。

秋七月，洛水溢。

八月。

冬十一月，太尉寧王薨，追謚曰讓皇帝。○注：帝以寧王讓天下，視爲唐之泰伯，故謚曰讓皇帝。其子汝陽王璡表述先志，固辭不許。

壬午，天寶元年，春正月，群臣請加尊號。○注：陳王府參軍田同秀言：『玄元皇帝告以藏靈符在尹喜。故宅。』上遣使求得之。群臣上表，以『寶符潛應年號，請于尊號上加天寶二字。』從之。

以安禄山爲營州都督。

以安禄山爲平盧節度使。

突厥殺其登利可汗，骨咄葉自立爲可汗。

二月，享玄元皇帝于新廟，越三日，享太廟，越二日，合祀天地于南郊。 秋七月朔，日食。牛仙客卒，以李適之爲左相。		牛仙客卒。	突厥阿布思來降。
癸未，二年，春正月。 三月，追尊周上御大夫爲先天太皇繇，爲德明皇帝。		安禄山入朝。	
甲申，三載春正月改年曰載。 二月。 夏五月。		以安禄山兼范陽節度使。	河西軍擊突厥，斬莫賀達，更立骨咄禄爲可汗。

秋。	乙酉，四載春，正月，帝聞空中神語。○注：譏自欺也。求神仙，自秦皇、漢武始，然皆爲人所欺耳。如帝此言乃自欺也，繼是而有妙寶真符之得。自欺者，人亦欺之。 秋七月，册封王妃韋氏。 八月，以楊太真爲貴妃。○注：初，惠妃薨，後宫無當意者，或言壽王妃楊氏之美。上見而悦之，乃令妃自以其意乞爲女官，號太真。更爲壽王娶，郎將韋昭訓女。潛納太真宫中，號曰娘子，凡儀禮皆如皇后，至是册爲貴妃。○按二十三年書，册壽王妃楊氏，則楊氏爲壽王之偶已非一日矣。明皇奪而有之，三綱紊亂，天理滅絶。夫納伋之妻，作新臺于河上，而要之是伋妻猶未至衛也，國人且惡之，烏有十年子婦而可奪之爲己有乎？
突厥亂，册回紇骨力裴羅爲懷仁可汗。	回紇懷仁可汗死，子磨延啜立，號葛勒可汗。

○注：范氏曰：『明皇殺三子，納子婦，用李林甫爲相，使族滅無罪之人，三綱絶矣，其何以爲天下乎？』

丙戌，五載，春正月。

夏四月，李適之罷。以陳希烈同平章事。○注：希烈以講老莊得進，專以神仙符瑞媚上。李林甫以其柔佞易制，故引以爲相。

五月朔，日食。

以王忠嗣爲河西、隴右、朔方、河東節度使。

丁亥，六載，春正月，令士通一藝以上皆詣京師。

殺北海太守李邕及皇甫惟明、韋堅等。

冬十月，如驪山温泉，名其宮曰華清。		李適之自殺。以安禄山兼御史大夫。	
十一月。		以哥舒翰充隴右節度使。○注：翰本突騎施別部酋長，以勇略爲王忠嗣所重。	
十二月。		以高仙芝爲安西四鎮節度使。	
戊子，七載，夏四月。五月，群臣上尊號。賜安禄山鐵券。		以高力士爲驃騎大將軍。	

冬十一月，以貴妃姊爲國夫人。○注：封爲韓號秦國夫人。

十二月。

哥舒翰築神威軍、應龍城。

雲南王皮羅閣死，子閤羅鳳嗣。○注：壬寅僭國改號，大蒙改元贊普鍾七，長壽十一。

己丑，八載，春二月，帥群臣觀左藏，賜楊釗金紫。

夏五月，停折衝府上下魚書。

六月，加聖祖及諸帝后號謚，群臣請加尊號。○注：凡十二字曰：開元天地大寶聖文神武應運皇帝。始禘、祫于大清宮。

庚寅，九載，夏五月。		賜安禄山爵東平郡王。○注：唐將帥封王自此始。	
秋八月，求殷、周、漢後。廢韓、介、酅公。○注：處士崔昌上言曰：『國家宜承周、漢，以土代火，魏、周、隋皆閏位，不當以其子孫爲二王，後上乃命求殷、周、漢後爲三恪，廢韓介酅公。韓、介、酅，魏，周、隋之後三國名。		以安禄山兼河北道採訪處置使。	
冬十月，得妙寶真符。		安禄山入朝。賜楊釗名國忠。	南詔反，陷南雲郡。
辛卯，十載，春正月。		爲安禄山起第于親仁坊。高仙芝入朝，加開府儀同三司。	

秋八月，武庫火。○注：燒兵器三十七萬。天火曰災，人火曰火。是時禄山兼領二鎮，已蓄異志，武庫之火，安知非禄山爲之？

冬十一月。

以安禄山兼河東節度使。

以楊國忠爲劍南節度使。

壬辰，十有一載，夏。

五月。

以安思順爲朔方節度使。

秋八月，上復幸左藏。

以楊國忠爲禦史大夫、京畿探訪使。

冬十一月，李林甫卒。以楊國忠爲右相兼文部尚書。

李林甫卒。哥舒翰，安禄山、安思順入朝。

○注：改吏、兵、刑爲文、武、憲部。

癸巳，十有二載，春二月，追削李林甫官爵，剖其棺。

秋八月。

冬十月，帝如華清宮。

甲午，十有三載，春正月。

二月，復加聖祖及諸帝、后號謚。

以哥舒翰兼河西節度使。

安禄山入朝，加安禄山左僕射，以安禄山爲閑廄、群牧使。○注：禄山求兼領群牧總監，密遣親信選健馬堪戰者數千匹，別飼之。

以楊國忠爲司空。

○注：皇上亦加尊號，增至十四字。

三月。

夏六月朔，日食，不盡如鉤。

秋八月，陳希烈罷，以韋見素同平章事。

冬閏十一月，户部奏郡縣户口之數。○注：郡三百二十一，縣户千五百三十八，户九百六十一萬九千二百五十四，口五千二百八十八萬四百八十八。

乙未，十有四載，春二月。

安禄山歸范陽。

安禄山請以藩將代漢將，從之。○注：禄山求領三鎮，則許之。求兼群牧，則許之。今又請以蕃將代漢將，又許之，豈天固欲使之肆逆、爲昏亂者之戒耶？

秋七月。

冬十月，帝如華清宮。

十一月，帝還京師。安慶宗伏誅。

十二月，制朔方、河西、隴右兵赴行營。

以榮王琬爲元帥。

哥舒翰入朝。○注：翰入朝得疾，遂留京師。

安禄山表請獻馬，遣中使諭止之。

安禄山反。遣封常清如東京募兵以禦之。以郭子儀爲朔方節度使。以張介然爲河南節度使。

禄山陷靈、昌及陳留，殺張介然。

吐蕃贊普梨乞蘇死，子娑悉立。

東平太守吳王祗起兵討賊。〇注：祗，太宗子吳王恪之後。制太子監國平原太守顏真卿起兵討賊。常山太守顏杲卿起兵討賊。

高仙芝副之，統諸軍屯陝。吳王祗起兵討賊。以承王璘爲山南節度使，潁王爲劍南節度使。

封常清與賊戰于武牢，敗績。祿山遂陷東京。留守李憕、御史中丞盧奕死之。高仙芝退保潼關，河南多陷。平原太守顏真卿，起兵討賊。〇注：真卿，琅邪臨沂人，師古五世孫。殺高仙芝、封常清，以哥舒翰爲副元帥。祿山遣兵寇振武。

郭子儀使兵馬使李光弼、僕固懷恩擊破之，進圍雲中，拔馬邑。常山太守顏杲卿起兵討賊，河北諸郡皆應之。

丙申，十有五載。〇注：肅宗皇帝，至德元載。春正月。

安祿山僭號。〇注：自稱大燕皇帝，改元聖武。以李隨爲河南節度使，許遠爲睢陽太守。賊將史思明陷常山顏杲卿死之。復陷九郡，進圍饒陽。以李光弼爲河東節度使。

二月，真源令張巡起兵雍丘討賊。

祿山遣其子慶緒寇潼關，哥舒翰擊却之。

李光弼入常山執賊將安思義，遂與史思明戰，大敗之。真源令張巡起兵雍邱討賊。以李光弼爲河北節度使。加顏真卿河北李採訪使。

夏四月。

五月。

六月，哥舒翰與賊戰于靈寶，大敗，賊遂入關。○注：楊國忠既激禄山之反，又促哥舒翰出兵潼關，以致賊遂入關，甚矣，小人之不可用也。明皇以天下安危寄之一相，而其人如此，安得不傾覆乎？

以賀蘭進明爲河北招討使。

郭子儀、李光弼與史思明戰于九门，敗之，進拔趙郡。

郭子儀、李光弼與史思明戰于嘉山，大破之，復河北十餘郡。

帝出奔蜀。○注：曲禮曰：『天子不言出。』穀梁傳曰：『王者無出，出失天下也。』蓋王者以四海爲家，京師爲室，故所在日行在所，而狩巡行幸，則曰車架次于某是也。玄宗躬臨大寶，垂五十載，際天所覆悉主悉臣。一旦盜起，乃棄宗廟委天屬，獨攜所愛脱身而逃，則是一匹夫耳。《綱目》書出書奔，不以天王之禮予之，而以匹夫庶人之事待之，可謂賤之甚矣。

按：元宗即位以來，奢欲固未免，而善政可紀者亦多。自開元末年書立賑饑法而後殆無一善可書，所書者非惑鬼神則務聚斂也，寵邊將也。其所誅賞非爲李林甫則楊國忠也，貴妃也，欲無大亂，得乎？

次于馬嵬，楊國忠及貴妃，楊氏伏誅。發馬嵬，留太子東討。

御批：唐明皇躭于逸

樂，任用楊國忠，以至倉卒出奔，軍士憤怨，是其素所逸樂者，即取禍之道也。歷觀史册比比皆是矣。

○注：父老留帝不得，願帥子弟從太子東破賊，取長安，擁太子馬，不得行。太子不可，涕泣踐馬，欲西。建寧王倓與李輔國執鞚①諫曰：『逆胡犯闕，四海分崩，不因人情，何以興復？』太子乃使俶馳白上，上曰：『天也。』宣旨願傳位太子，太子不受。俶、倓，皆太子之子也。○馬嵬故城在興平縣西北二十三里，馬嵬于此築城以避難，未詳何代人也。帝至扶風。太子至平涼。帝至河池，以崔圓同平章事。陳倉令薛景僊殺賊將，克扶風而守之。長安陷。

①鞚：帶嚼子的馬籠頭。

○注：禄山賊將孫孝哲將兵入長安，殺妃主皇孫數十人，刳①其心以祭。安慶宗搜捕百官、宮女送洛陽。王侯相將扈從車駕、家留長安者，誅及嬰兒。郭子儀、李光弼引兵入井陘，劉正臣襲范陽，不克。帝至普安，以房琯同平章事。○注：普安，古邑名，廣漢郡梓潼縣地。

秋七月，太子即位于靈武，尊帝爲上皇天帝。以裴冕同平章事。○注：舜之嗣位也，受終于文祖，禹之繼統也，受命于神宗，故王者即位必受國于先君而後可，又况君父在上者乎！馬嵬之命固嘗宣旨，欲傳于太子而太子不受，固《綱目》止以留太子討賊書之。今既上無所成遽正尊位，則是太子自叛其父也，何以討賊爲哉？唐有天下幾三百年，由漢以來享國最爲長久，而三綱不立，無父子君臣之義，是以上無教化，下無廉恥，而欲以正天下難矣，其享國長久，亦曰幸哉。

①刳：從中間破開在挖空。

上皇制以太子充天下兵馬元帥，諸王分總天下節制。上皇至巴西，以崔焕同平章事，韋見素爲左相。李泌至靈武。○注：帝爲太子時，與泌爲布衣交。及赴靈武，聯轡①共榻，事無大小皆諮之。帝欲相泌，泌固辭之，後以宦官交蔽，力請還衡。

河西、安西皆遣兵詣行在。

永王璘、盛王琦、豐王珙分領諸道節度都使。○注：琦、珙不出關，惟璘赴江陵。先是，四方聞潼關失守，莫知上所之至，是始知乘輿所在。

令狐期圍雍丘，張巡擊走之。

①聯轡：騎馬并行。

○注：河西李嗣業、安西李栖筠。上皇至成都。

八月，以郭子儀爲靈武長史，李光弼爲北都留守并同平章事。上皇遣使奉册寶如靈武。

九月，以廣平王俶爲天下兵馬元帥，李泌爲侍謀軍國、副元帥長史。遣使徵兵回紇。帝如彭原。寶册至自成都。

冬十月朔，日食既①。永王璘反，上皇遣淮南節度使高適等討之。

		廣平王俶爲天下兵馬元帥。	永王璘反。
以顏真卿爲工部尚書。		史思明陷趙郡常山。	史思明攻陷河北諸郡。
	回紇、吐蕃遣使請助討賊。		回紇遣葛邏支將兵入援。

①既：完畢。

十二月。

張巡移軍寧陵，與賊將楊朝宗戰，大破之。

于闐王勝將兵入援。

肅宗皇帝，〇注：名亨，玄宗子，在位七年，壽五十二歲。

丁酉，至德二載，春正月，上皇以李麟同平章事，命崔圓赴彭原。殺建寧王倓。〇注：是時兩京覆没，社稷爲墟。肅宗趁危自立，正宜臥薪嘗膽，克清大憝，而乃信李輔國、張良娣之言，而殺其子，重尋玄宗覆車之轍，其不遂至滅亡也，幸爾建寧之死，可哀也矣。帝如保定。

殺建寧王倓。

安慶緒殺安祿山。〇注：祿山稱帝，目已盲，又病疽，性益躁暴。既而嬖妾生子慶恩，欲以代慶緒。緒懼，其相嚴莊勸慶緒殺祿山而自立。慶緒立，後爲史思明縊殺之。祿山父子僭位三年而滅。史思明等寇太原，李光弼擊破之。

二月，帝至鳳翔。○注：即扶風改之也。

三月，韋見素、裴冕罷，徵苗晉卿爲左相。上皇遣中使祭始興文獻公張九齡。○注：無甬東之禍，則子胥之諫不驗；無肥水之敗則王猛之言不酬，太宗思魏征于伐遼之後，玄宗思九齡于奔蜀之餘，皆禍敗已形，

江南採訪使李成式討永王璘，璘敗走死。

賊將尹子奇寇睢陽，張巡與許遠拒却之。郭子儀平河東，賊將崔乾祐敗走。平盧節度使劉正臣卒。

尹子奇復寇睢陽，張巡擊走之。

回思忠臣智士曩日[1]之告，如蓍龜[2]明鑒，毫髮不爽者，然已無及矣。

夏四月，房琯罷，以張鎬同平章事。

秋七月。

九月，廣平王俶、郭子儀收復西京。遣使請上皇還京師。

以郭子儀爲司空、天下兵馬副元帥，與賊戰于清溝，敗績。貶郭子儀爲左僕射。〇注：子儀詣闕，請自貶爲左僕射。

尹子奇復寇睢陽。

郭子儀克華陰宏農。

①曩日：往日，以前。②蓍龜：古人以蓍草與龜占卜吉凶，因以指占卜。比喻德高望重的人。引申爲借鑒。

冬十月，廣平王俶、郭子儀等收復東京。李泌歸衡山。帝發鳳翔，遣韋見素奉迎上皇。帝入西京，上皇發蜀郡。

十二月，上皇還西京。赦天下。加郭子儀司徒，李光弼司空，功臣進階，賜爵有差。追贈死節之士。上上皇尊號。以良娣張氏爲淑妃。故妃韋氏卒。

立廣平王俶爲楚王。

尹子奇陷睢陽，張巡、許遠死之。郭子儀遣兵取河陽及河内。陳留人殺尹子奇，舉城降。安慶緒走保鄴郡。

史思明、河東節度使高秀岩各以所部來降。○注：史思明以所部十三郡及兵八萬來降，上以爲歸義王。

戊戌，乾元元年，春正月，上皇加帝尊號。帝復上上皇尊號。

二月，大赦，改元。

三月，立淑妃张氏爲皇后。

夏四月，新主入太廟。

五月，停採訪使，改黜陟使爲觀察使。張鎬罷。立成王俶爲皇太子，更名豫。

徙楚王俶爲成王。

以李輔國兼太僕卿。○注：輔國，宦者也，宦者有爲將軍者矣，未聞有爲卿者，自是而書爲兵部尚書，爲司空兼中書令，至進爵爲博陸王，極矣。不至於盜殺不止也。

崔國、李麟罷。以王玙同平章事。○注：上頗好鬼神，璵專依鬼神以求媚，故悦之。贈顏杲郎太子太保，謚曰忠節。

六月。

秋七月，初鑄大錢。○注：一當十大錢，文曰『乾元重寶』。

八月，郭子儀、李光弼入朝，以子義中書令，光弼爲侍中。

史思明反，殺范陽副使烏承恩。○注：李光弼以思明終當叛亂，陰使烏承恩圖之。事泄，思明執殺之。

册回紇英武可汗，以寧國公主歸之。

命郭子儀等九節度使討安慶緒。 冬十月，郭子儀等拔衛州，遂圍鄴城。			
己亥，二年，春正月。 二月，月食既。○注：張后之敵陽，已極矣。		史思明自稱燕王。鎮西節度使李嗣業卒於軍。	
三月，九節度之兵潰于相州。苗晉卿、王璵罷。以李峴、李揆呂諲、第五崎同平章事。以郭子儀爲東畿等道元帥。		史思明殺安慶緒，還范陽。	
夏四月。		史思明僭號。	回紇昆伽闕可汗死，其子登甲可汗立。

秋七月，召郭子儀還京師，以李光弼爲朔方節度使、兵馬元帥。

冬十月。

寧國公主歸京師。○注：回紇以公主無子聽歸。

以李抱玉爲郑陳潁亳節度使。

以王思禮爲河東節度使。賜僕固懷恩爵大寧郡王。

李光弼與史思明戰于河陽，大敗之。

庚子，上元元年，春正月，以李光弼爲太尉兼中書令，以郭子儀領邠寧鄜坊節度使。

閏三月，追謚太公望爲武成王。

夏六月。

興王佋卒。○注：佋，張后之子。張后常欲危太子，太子以恭遜取容。

御批：兵機遲速，關係最重。利害所爭，間不容髮。有宜速而遲者，固失事機。有宜遲而速者，亦患于輕躁，皆足取敗。至于輕信僉壬浮說，及令中使督

秋七月，李輔国遷太上皇于西內。○注：肅宗太子之罪著矣，輔國不臣之惡極矣。

辛丑，二年，春二月，李光弼與史思明戰于邙山，敗績。河陽懷州皆陷。○注：宦者魚朝恩促之也。貶李揆爲袁州長史，以蕭華同平章事。○注：至是李峴貶爲蜀州刺史，第五琦爲忠州長史，旋除名流夷州。吕諲罷。李揆恐諲復入相，陰使人求諲過失。諲上疏自訟，乃貶揆而相華。

三月。

會佋卒，后幼子定王侗幼，太子位遂定。

史朝義殺史思明。

師往往僨事，以至全軍覆没。如魚朝恩之促李光弼者，何可勝數，明季亦坐此弊。

夏四月，以李光弼爲太尉，統八道行營，鎮臨淮。

秋七月朔，日食既，大星皆見。

○注：綱目書日食既十有二，未有一世而再既如肅宗者。

八月。

九月，置道場于三殿。制去尊號及年號，以建子月爲歲首。建子月，受朝賀，如正旦儀。上朝太子皇于西内。

○注：朝義，思明長子。思明愛少子朝清，常欲殺朝義立朝清。朝義懼，射殺思明，并遣人至范陽殺朝清。

加李輔國兵部尚書。

以元載爲度支鹽鐵轉運等史。○注：時人以載謂之白著。○民有資産，無因而强取之，謂之白著。

〇注：初上畏張后，不敢詣西內，至是感山人李唐之言，始往朝。

壬寅，寶應元年，春建寅月。

建卯月。

建辰月，肖華罷，以元載同平章事，領度支、轉運使如故。

建巳月，太上皇崩。〇注：太上皇崩，年七十八。上自仲春寢疾，聞上皇登遐，疾轉劇，乃命太子監國。 復以建寅爲正月。〇注：魏王叡嘗建丑矣，不三年而復；武后嘗用周正矣，十一年而復；肅宗建子，亦不一年而復，夏時信不可易也。

李光弼拔許州。

河东軍亂，殺其節度使鄧景山。

賜郭子儀爵汾陽王，知諸道行營。以來瑱爲淮西、河南節度使。

帝崩，李辅國殺皇后張氏。

肅宗趣取大物而子道悖，制于張后而夫道奪，協于輔國而君道失，殺齊王倓而父道虧，倘非郭、李，而唐之克復未可知矣。

太子豫即位。以李辅國爲司空兼中書令。○注：宦者爲司空，魏有劉騰，唐有輔國。

六月，進李輔國爵博陸王。

秋七月。

九月，以來瑱同平章事。

冬十月，以雍王适爲天下兵馬元帥，討史朝義，大敗之。

雍王适爲天下兵馬元帥，討史朝義。

郭子儀入朝，以程元振爲驃騎大將軍。

回紇舉兵入援。

取東京及河陽。賊將薛嵩、張忠志以州降。盜殺李輔國。○注：盜實上有以遣之也，以天子而行盜賊之謀，是亦盜賊也，可愧甚矣。

十一月。

代宗皇帝。○注：名俶，更名豫，肅宗子。在位十七年，壽五十三歲。

癸卯，廣德元年，春正月，以劉晏同平章事。

盜殺李輔國。

以僕固懷恩爲河北副元帥。○注：郭子儀以懷恩有平河朔功，請以副元帥讓之。諸軍圍史朝義于莫州。

賊將田承嗣州降。

流來瑱于播州，殺之。

三月，葬泰陵、喬陵。○注：泰陵玄宗墓，西安蒲城林東北三十里金粟山。喬陵，肅宗墓，西安醴泉縣西北十八里武將山。

秋七月，羣臣上尊號。

九月。

賊將李懷仙殺史朝義傳首京師。以薛嵩、田承嗣、李懷仙爲河北諸鎮節度使。○注：唐失河北自此始。

徵僕固懷恩入朝，不至。○注：因辛雲京使駱奉仙奏其反狀已露，故上書自訟而不朝。然徵之不至，不臣甚矣。

回紇歸國。

冬十月，吐蕃入寇，上如陝州。吐蕃入長安。關内副元帥郭子儀擊之，吐蕃遁去。○注：胡氏曰：『郭子儀之德、之才可以兼任將相，乃置之間處，及有急難，又遽委用之。代宗于閹尹①之言，受命如響，进退子義，如待奴隸，自李光弼已下，恃功負氣，夫豈堪此？獨子義無纖介②于胸中，一闻君命，不俟駕而行，蹈危履險，死生以之。其忠義精誠，仰貫白日，而度量宏偉，無所不包，真可以爲人臣之師表矣。使代宗挈國權兵柄而付之，于以復太宗之業何難焉？而不能也，可勝歎哉。』

十一月。

十二月，上還長安。

放廣武王承宏于華州。

削程元官爵，放歸田里。

以魚朝恩爲天下觀軍容宣慰處置使，

①閹尹：管領太監的官。②纖介：細微，細小。

苗晉卿、裴遵慶罷。復以李峴同平章事。	甲辰，二年，春正月，遣刑部尚書顏真卿宣慰朔方行營。立雍王適爲皇太子。以郭子儀爲河中節度等使。劉晏、李峴罷，以王縉、杜鴻漸同平章事。	秋七月，稅青苗錢給百官俸。○注：唐租庸調之法壞，代宗以畝定稅，斂以夏秋，又以國用急不及秋，苗方青即征之，號青苗錢。臨淮武穆王李光弼卒。
○注：吐蕃入長安，立王爲帝。吐蕃既去，承宏逃匿草野，上赦不誅，放于華州。		
總禁兵。○注：宦官之蠹至是極矣，宦官之權至是極矣。	流程元振于溱州。僕固懷恩反，寇太原。僕固瑒爲其下所殺，懷恩走雲州。	李光弼卒。○注：光弼治軍嚴重，指顧號令，諸將莫敢仰視。謀定而後戰，能以少制衆，與郭子儀齊名。及在徐州，代宗播越，乃擁兵不赴國難，以致諸將田
		回紇、吐蕃入寇。

冬十月。

十二月，户部奏是歲户口之數。

○注：户二百九十餘萬，口一千六百九十餘萬。

乙巳，永泰元年，春三月。

夏四月，畿内麥稔。

神功等不復稟畏，愧恨成疾而卒。君子病之。僕固懷恩引回紇、吐蕃入寇。詔郭子儀出鎮奉天。

懷恩逼奉天，郭子儀出兵，懷恩退。

加郭子儀尚書令，不受。

以裴諝爲左司郎中。劍南節度使嚴武卒。

吐蕃遣使請和。

秋九月，置百高座，講仁王經。

平盧將李懷玉逐其節度使侯希逸。詔以懷玉爲留後，賜名正已。○注：希逸好遊畋，兵馬使李懷玉得衆心。

僕固懷恩誘回紇、吐蕃入寇。懷恩道死。召郭子儀屯涇陽。冬十月，回紇受盟而還，吐蕃夜遁。○注：郭子儀輕騎見虜，虜皆下馬羅拜，受盟而還，至今以爲美談。然非忠信素著，何以得此？

郭子儀還河中。

丙午，大歷元年，春正月，敕復補國子學生。以户部尚書劉晏、侍郎第五琦分理天下財賦。

二月，釋奠于國子監。

冬十月，上生日，諸道節度使上壽。

貶顏真卿爲峽州別駕。○注：以疏元載也。

丁未，二年，春二月。

冬十二月。

郭子儀入朝。郭子儀入朝。○注：時有盜發子儀父塚，人疑魚朝恩使之。子儀入朝，朝廷忧其爲變①語及之，對曰：『臣不能禁暴，乃天譴非人事也。』朝廷乃安。

御批：自漢唐以來之勳臣，功名最盛而福禄克全者，

①變：地名。唐武德二年改信州爲夔州，故城在今大陸地區四川省奉節縣。宋代改爲路，明初改爲府，轄境在今大陸地區四川、湖北省一帶。

以郭子儀爲首稱。非其得于天者獨厚也，良由篤棐謙沖不敢以功業自矜①，故能終身顯榮，聲施後世。觀其自謂『不能禁暴，乃遭天譴。』數語，其虛懷卓識過人遠矣。

戊申，三年，春三月朔，日食。 夏四月，徽李泌于衡山。 秋八月。	追謚齊王倓爲承天皇帝。		吐蕃寇靈武，鳳翔都將李晟屠吐蕃定秦堡。吐蕃遁還。○注：定秦堡乃吐蕃積聚之所。李晟，洮州臨潭人。
己酉，四年，春正月。 夏五月。 六月。 冬十月，以裴冕同平章事。十二月卒。		郭子儀入朝。 以僕固懷恩女嫁回紇。 郭子儀徙鎮邠州。 杜鴻漸卒。	

①自矜：自己誇耀。

庚戌，五年，春三月。		魚朝恩伏誅。	
秋七月。		以李泌爲江西觀察判官。○注：上以泌爲元載所忌，故匿泌于江西觀察使魏少游所也。	
辛亥，六年，春二月。			嶺南蠻酋梁崇牽作亂，討平之。
壬子，七年，春正月，回紇使者犯朱雀門。冬十月。		以朱泚代盧龍節度使。	
癸丑，八年，冬十月，加田承嗣同平章事。		元載奏請城原州。○注：載尋得罪，事遂寢。	吐蕃寇涇、邠，郭子儀遣渾瑊拒却之。
甲寅，九年，春二月。		郭子儀入朝。	
三月。	詔以永樂公主妻田華。○注：華，承嗣之子。		

秋九月。		盧龍節度使朱泚入朝。	
乙卯，十年，春正月。 夏四月。 冬十月朔，日食。貴妃獨孤氏卒。○注：追謚貞懿皇后。		田承嗣反。郭子儀入朝。 敕貶田承嗣，發諸道兵討之。	吐蕃寇涇、隴，馬璘等擊破之。
丙辰，十有一年，春二月。 冬十二月。		敕田承嗣入朝。 涇原節度使馬璘卒。	
丁巳，十有二年，春三月，誅元載。		詔復討田承嗣，既而釋之。誅元載。	

夏四月，以楊綰、常袞同平章事。

秋七月，司徒楊綰卒。

九月。

冬。

楊綰卒。○注：謚曰文簡。以顏真卿爲刑部尚書。

以段秀實爲涇原節度使。○注：秀實軍令簡約，有威惠，奉身清儉，室無姬妾。觀其讓李嗣業之不赴行在，吐蕃寇涇邠，出城中兵出陳東原，而其忠義可知矣。

吐蕃寇原、坊州。

吐蕃寇鹽、夏，郭子儀拒却之。

戊午，十有三年，春正月。			回紇寇①太原，張光晟擊破之。
二月。 夏六月。隴右獻猫鼠同乳。 ○注：朱泚以爲瑞，崔佑甫以爲妖，上嘉之。			吐蕃寇靈州。
秋。 八月，葬貞懿皇后。			吐蕃寇鹽慶，又寇銀麟，李懷光擊破之。
冬十二月。		郭子儀入朝。 ○注：自寶應元年至是，子儀凡七入朝。此其所以爲純臣也。李光弼愧之多矣。	
己未，十有四年，春正月。		以李泌爲澧州刺史。	

①寇：入侵，侵犯。

二月。

三月。

夏五月，帝崩，太子适即位。

代宗之政，無可紀述，獨誅三宦官及元載爲最武，而就其事論之，皆不能盡善，豈非不若慎之于初之爲善歟？

閏月，貶常衮爲潮州刺史，以崔祐甫同平章事。詔罷四方貢獻，又罷梨園。賜號郭子儀爲尚父，加太尉兼中書令。詔天下毋得奏祥瑞。縱馴象，出宮女。

田承嗣卒。○注：以其侄田悦爲魏博留後。

淮西將李希烈逐其節度使李忠臣。詔以希烈爲留後。

以李希烈爲淮西節度使。

六月。

秋七月朔，日食。

八月，以楊炎、喬琳同平章事。

九月。

冬十月，葬元陵○注：西安府富平縣西北二十五里檀山。

十一月，喬琳罷。

十二月。晦，日食。立宣王誦爲皇太子。

立皇子五人爲王，立皇弟二人爲王。	以曹王皐爲衡州刺史。		
	南詔王閣羅鳳死，子鳳迦異前死，孫異牟尋立。○注：在位二十九年。	吐蕃南詔入寇，李晟等擊破之。	

詔財富皆歸左藏。○注：自第五琦爲度支，時奏貯于盈庫内。至是，從楊炎之諫，歸于左藏是也。

德宗皇帝。○注：名适，代宗子。在位二十六年，壽六十四歲。

庚申，建中元年，春正月，始作兩稅法①。○注：夏輸無過六月，秋輸無過十一月設兩稅使以總之。

二月，命黜陟使十一人分巡天下。

以段秀實爲司農卿。○注：楊炎怨秀實阻其浚渠之策，故置散地。

以朱泚爲涇原節度使。

①兩稅法：唐德宗時，宰相楊炎創立的一種稅法。按人民貧富及擁有田畝的數目，分等級課稅，每年依夏、秋兩季用錢編納，以替代原有的租庸調法。

夏四月，上生日不受獻。

六月，门下侍郎同平章事崔祐甫卒。築奉天城。○注：在西安府乾州。德宗從術士桑道茂之言筑奉天城，及朱泚作亂，果幸焉。

秋七月，遥尊帝母沈氏为皇后。○注：上母沈氏，吴興人，安史之乱陷贼，不知所在。代宗即位，求之不獲。

八月。

	○注：代秀實也	
		吐蕃遣使入贡。
	崔祐甫卒。	回纥顿莫贺殺登里可汗而自立。遣使册命之。
	殺忠州刺史劉晏。○注：晏于国家有足食之功，罪不至死，而置之死以服姦雄之心，難矣。	
	振武留后张光晟殺回纥使者九百餘人。○注：以使者歸国騷擾百姓也。	

冬十月。

十一月，始定公主見舅姑禮。

○注：先是公主下嫁，舅姑[1]拜之，婦不答。上命禮官定公主拜見舅姑之儀。舅姑坐受之于中堂，諸父、兄、姊受于東序，如家人禮。○自太宗朝下嫁公主已異前代，久而復失。今德宗始定，可謂善之善者矣。

是歲，天下兵民之數。

○注：稅户三百八十萬五千七十六，籍兵七十六萬八千餘人，稅錢三千八十九萬八千餘緡，穀二百一十五萬七千餘斛。○前此書户口之數，今此書兵民之數者，何也？府兵未壞，民皆爲兵，故止計户口而已。今則方鎮專兵而天子又自有禁軍，于是兵自兵，民自民，君子觀之，可以知世變矣。

以睦王述爲奉迎太后使。○注：述，代宗子，後徙封滕王。

①舅姑：指公公婆婆。

辛酉，二年，春正月，以楊炎、盧杞同平章事。

夏四月，加梁崇義同平章事。

五月。

六月，尚父、太尉、中書令、汾陽忠武王郭子儀卒。

成德節度使李寶臣卒，子惟岳自稱留後。

田悅寇邢、洺。

以韓滉爲鎮海軍節度使。梁崇義拒命，詔淮寧節度使李希烈督諸道兵討之。汾陽王郭子儀卒。

○注：子儀校中書令考，凡二十四家人三千人，八子七婿皆爲顯官①。諸孫數十人，每問安不能盡辨，頷之而已。天下以其身系安危者，殆三十年，功蓋天下而上不

①顯官：權勢顯赫的官。

秋七月，安西北庭遣使詣闕，诏賜李元忠〇注：北庭使。爵寧塞郡王郭昕〇注：子仪弟，安西使。武威郡王。〇注：自吐蕃陷河陇、伊西，而安西北庭聲闻不達者十餘年。至是，遣使自回纥中来，上嘉之。杨炎罷，以张镒同平章事。

八月。

疑，位極人臣而衆不疾。年八十五而終，其講佐爲名臣者甚衆。

詔馬燧、李抱真、李晟討田悦，戰于臨洺，大破之。平盧節度使李正己卒，子納自領軍務，與李惟岳遣兵救田悦。

李希烈與梁崇義戰，大破之。崇義死，傳首京師。

九月，加李希烈同平章事。

冬十月，殺左僕射楊炎。祫于太廟。

十一月。

殺楊炎。○注：盧杞陷之也。

永樂公主適①田華。

壬戌，三年，春正月。

馬燧等大破田悅于洹水，博、洺州降。成德兵馬使王武俊殺李惟岳，傳首京師。

夏四月。

朱滔、王武俊反，詔朔方節度使李懷光討之。以張鎰兼鳳翔節度使。

冬十月，以關播同平章事。○注：關播，汲人。

以曹王皋爲江西節度使。

①適：到……去。

十一月，加陳少遊同平章事。

朱滔、田悦、王武俊、李納皆自稱王。○注：滔稱冀王，爲盟主。悦稱魏王，武俊稱趙王，納稱齊王。

十二月。

李希烈自稱天下都元帥。

癸亥，四年，春正月。

李希烈陷汝州。詔顔真卿宣慰之。詔東都汝州節度使哥舒曜討李希烈，二月，克汝州。

三月。

曹王皋兵敗李希烈兵，斬其將，拔黃、蘄州。

李希烈引兵歸蔡州。

夏四月，初行稅間架、除陌錢法。○注：每屋一間稅若干，每百錢除若干。

秋八月。

冬十月，涇原兵過京師作亂。上如奉天。朱泚反據長安。○注：即姚令言兵也。以蕭復、劉從一、姜公輔同平章事。泚犯奉天，詔韓遊環、渾瑊拒之。

李希烈寇襄城，詔發涇原等道兵救之。

涇原兵過京師作亂，朱泚反據長安。司農卿段秀實謀誅朱泚，不克，死之。○注：是時，涇原節度使姚令言迎泚入宮，泚遣韓旻將兵襲帝。段秀實見事急，使岐靈岳詐爲令言符追之，竊其印未至，秀實倒用司農印追旻還，是日，秀實以笏擊泚，罵賊遇害。

十一月，李晟將兵入援。渾瑊擊朱泚，破走之，奉天圍解。

十二月，貶盧杞爲遠州司馬，尋卒于澧州。關播罷。

鳳翔將李楚琳殺節度使張鎰，降于朱泚。朱泚僭號。李希烈陷襄城，田悅、王武俊寇臨洺。

李懷光至奉天，詔引軍還，取長安。

以陸贄爲考功郎中。李希烈陷汴、滑州。陳少遊叛。王武俊、田悅、李納上表謝罪。

甲子，興元元年，春正月，大赦。

二月，贈段秀實太尉，謚忠烈。加李懷光太尉，賜鐵券。李懷光反，帝奔梁州。○注：初懷光將反，其子璀爲御史，言於帝曰：『臣父必負陛下，臣聞君父一也，不忍不言。』帝問：『何以自免？』『臣死耳，忍賣父求生耶？』懷光死而璀亦死。加神策行營節度使李晟同平章事。

三月，車駕至梁州。

李希烈僭號，稱大楚皇帝。詔復王武俊、田悅、李納官爵。

李懷光反。○注：衆竊言曰：『若擊朱泚，惟力是視。若欲反，我曹有死，不肯從也。』

李懷光奔河中。

夏四月，加李晟諸道副元帥。

六月，李晟等收復京城。以李晟爲司徒、中書令，渾瑊爲侍中。上發梁州。

秋七月，車駕遠長安，徵李泌爲左散騎常侍。

八月，以李晟爲鳳翔、隴右節度等使，進爵西平王。

冬十一月，加韓滉同平章事。

田緒殺田悅，權知軍務。○注：緒，田承嗣之子。

以田緒爲魏博節度使。

李晟等收復京城，朱泚亡走，其將韓旻斬之以降。

顏真卿爲李希烈所殺。朱滔上表待罪。

蕭復罷。

乙丑，貞元元年，春正月，贈顏真卿司徒，謚文忠。

三月。

秋七月，大旱。

八月，以張廷營爲左僕射。

以曹王高爲荊南節度使。

馬燧渾瑊破李懷光于長春宮。

陝虢軍亂，殺其節度使張勸。詔以李泌爲都防禦節度使。

馬燧取長春宮，遂及諸軍平河中，李懷光縊死。加馬燧兼侍中，赦懷光一子，收葬其屍，罷討淮西兵。

九月，劉從一罷。

丙寅，二年，春正月，以劉滋、崔造、齊映同平章事。

夏四月。

淮西將陳僊奇殺李希烈以降，以僊奇爲節度使。

秋七月。

陳僊奇爲其將吳少誠所殺。以少誠爲留後。

冬十一月，皇后王氏崩。○注：淑妃王氏久疾，帝念之立爲后，册畢而殁。

十二月，崔造罷。

李晟入朝。

丁卯，三年春正月，以張延賞同平章事。劉滋罷，以柳渾同平章事。

雲南王異牟尋請内附。

紀事			
二月，鎮海節度使、同平章事韓滉卒。 三月，李晟爲太尉。		韓滉卒。	
夏閏五月。 六月，以馬燧爲司徒兼侍中，以李同平章事。	以曹王皋爲山南東道節度使。	渾瑊與吐蕃盟于平涼，吐蕃劫盟。	
秋七月，張廷賞卒。		張廷賞卒。	
八月朔，日食。 柳渾罷。	幽部國大長公主流李昇于嶺南。 ○注：公主，肅宗女也。適蕭升女爲太子妃，主素不謹，李昇等出入其第。或告淫亂，上大怒，幽之禁中，流昇等于嶺表。		
九月。			吐蕃寇隴州。

冬十月。			回紇求和親，許之，吐蕃城故原州而屯之。
戊辰，四年，夏六月，征陽城爲諫議大夫。○注：陽城，夏縣人，李泌薦之。			
冬十月。			回紇來迎公主，仍請改號回鶻。
十一月。		以張建封爲徐、泗、濠節度使。○注：建封，鄧州南陽人。	册回鶻長壽天親可汗，以咸安公主歸[1]之。
己巳，五年，春二月，以董晉、竇參同平章事。○注：晉，虞鄉人。 三月，中書侍郎同平章事。		鄴侯李泌卒。	

①歸：出嫁。

鄴侯李泌卒。 冬十二月。			回鶻天親可汗死，遣使立其子爲忠貞可汗。
庚午，六年，冬十月。			回鶻忠貞可汗爲其弟所殺，而立忠貞之子阿啜爲可汗。吐蕃陷安西。
辛未，七年，春二月。 秋八月，以陸贄爲兵部侍郎，解內職。		陸贄爲兵部侍郎，解內職。	遣使立回鶻奉誠可汗。 吐蕃寇靈州，回鶻擊敗之。九月，遣使來獻俘。

壬申，八年，夏四月，貶竇參爲柳州別駕。以趙憬、陸贄同平章事。 秋七月，天下四十餘州大水。 八月，遣使宣撫諸道。 冬十一月朔，日食。		李納卒。 貶姜公輔爲吉州別駕。	
癸酉，九年，春正月，初稅茶。 三月，貶竇參爲驩州司馬，尋賜死。 夏五月，以趙憬爲門下侍郎，與夏眈、盧邁同平章事。董晉罷。 秋八月，大尉中書令西平王李晟卒。		西平王李晟卒。○注：謚曰忠武。	雲南王異牟尋遣使上表。○注：請棄吐蕃歸唐也。

甲戌，十年，春正月。			雲南王擊吐蕃，大破之，遣使來獻捷。
夏六月。 冬十二月，陸贄罷爲太子賓客。			遣使立異牟尋爲南詔王。
乙亥，十有一年，夏四月，貶陸贄爲忠州別駕。 五月。			回鶻奉誠可汗死，遣使立懷信可汗。
秋七月。		以陽城爲國子監司業。	
八月，司徒侍中北平王馬燧卒。		北平王馬燧卒。○注：謚曰莊武。	
丙子，十有二年，春正月，以渾瑊			

王武俊兼中書令，嚴震、田緒、劉濟、韋皋同平章事。

夏四月。

秋七月。

八月朔，日食。趙憬卒。

冬十月，以崔損、趙宗儒同平章事。

丁丑，十有三年，春二月，築方、渠合道、木波三城。○注：三城皆吐蕃要路。

秋七月。

田緒卒。○注：緒尚嘉誠公主，無子，以庶子季安爲子。緒卒，推季安爲留後。

宣武軍亂，以董晉爲節度使。

以陸長源爲宣武行軍司馬。

吐蕃贊普乞立贊死，其子足之煎立。

起復張茂宗爲左衛軍，尚公主。

九月，盧邁罷。

戊寅，十有四年，秋七月，趙宗儒罷，以鄭餘慶同平章事。

九月。

○注：茂宗，茂詔之弟也。

吳少誠叛，侵壽州。

貶陽城爲道州刺史。

乙卯，十有五年春。

董晉卒，軍亂，殺留後陸長源。

三月。

吳少誠寇唐州。

秋八月。

削吳少誠官爵，詔諸道進兵討之。

冬十二月，中書令咸寧王渾瑊卒。

咸寧王渾瑊卒。

庚辰，十有六年，春二月。 夏五月。 秋九月，貶鄭餘慶爲郴州司馬，以齊抗同平章事。		以韓全義爲蔡州招討使。	
		徐泗濠師度使張建封卒。	
辛巳，十有七年，夏五月，日食。		成德節度使王武俊卒。	
秋九月。 冬十月，以韋皋爲司徒中書令，賜爵南康王。			韋皋大破吐蕃于雅州。
壬午，十有八年，秋七月，詔百官毋得正牙奏事。			

癸未，十有九年，春三月，以杜佑同平章事。遷獻、懿二祖于德明興聖廟。以李貴爲京兆尹。自正月不雨，至于秋七月。齊抗罷。

冬十月，崔損卒。

十二月，以高郢、鄭珣瑜同平章事。

崔損卒。

貶監察御史韓愈爲陽山令。〇注：因言京畿窮困，今年稅物徵未得者請俟來年。遂坐貶。

甲申，二十年，春正月。秋九月，太子有疾。

吐蕃贊普死，弟嗣立。

○注：初，翰林院待詔王伾善書，王叔文善棋，出入東宮娛侍太子，太子愛幸之。

乙酉，二十有一年○注：順宗皇帝永貞元年。是歲，順宗即位，八月傳禪，雖不踰年，改元非得已也。

春正月，帝崩，太子誦即位。○注：帝以太子疾不能朝，涕泣悲歎，由是得疾而崩。時太子以風疾失音，宦官李忠言、昭容牛氏侍左右，百官奏事自帷中可其奏。王伾召叔文，坐翰林中使決事。伾入言于忠言，稱詔行下，初無知者。

按：德宗初政清明，有可紀者，自任楊炎、盧杞，遂致大亂。要其終身大病，則有三焉：事姑息、任閹官、好聚斂也。

以韋執誼同平章事。○注：王叔文專政，首引執誼爲相。

以王伾爲左散騎常侍，王叔文爲翰林學士。

大赦。罷進奉宮市、五坊小兒。追陸贄陽城赴京師，未至，卒。立廣陵王純〇注：即淳。爲皇太子。

夏五月。

六月，韋皇表請太子監國。

秋七月，太子監國。以杜黃裳、袁滋同平章事，鄭珣瑜、高郢州罷。

八月，帝傳位于太子，自號太上皇。

以王伾爲翰林學士。以武元衡爲左庶子。〇注：元衡，太原人，

以王叔文爲户部侍郎。

王叔文以母喪去位。

貶王伾爲開州司馬，叔文爲渝州

太子即位。以袁滋爲西川節度使，以鄭餘慶同平章事。

冬十月，葬崇陵。〇注：在西安府涇陽嵯峨山。

十一月，祔于太廟。

貶韋執誼爲崖州司户。

司户。南康忠武王韋臯卒。貶韓泰、韓曄、柳宗元、劉禹錫爲諸州刺史。〇注：初，劉禹錫、程異、陳諫、柳宗元、韓泰、韓曄、淩准、執誼八人，皆附王叔文而進者。及叔文敗，八人皆貶爲遠州司馬。

賈耽卒。

以武元衡爲御史中丞。

回鶻懷信可汗死。

貶袁滋爲吉州刺史。

遣使立其子爲騰里可汗。

十二月，以鄭絪同平章事。

以劉闢爲西川節度副使。

憲宗皇帝。○注：名純，順宗子在位十五年，壽四十三歲。

丙戌，元和元年，春正月，太上皇崩。

劉闢反。詔神策行營節度使高崇文討之。

三月。

夏綏留後楊惠琳拒命。詔河東天德軍討斬之。○注：惠琳，前夏綏節度使韓全義之甥也。

夏四月，策試制舉之士。

以高崇文爲東川節度副使。

鄭餘慶罷。尊太上皇后爲皇太后。		以元稹爲拾遺。	
秋七月，葬豐陵，○注：在西安府富平東北三十里，金甕山。		詔征蜀諸軍，悉取高崇文處分。	
九月，徽少室山人李渤爲左拾遺。○注：渤，洛陽人，涉之弟。		高崇文克成都，擒劉闢，送京師，斬之。	
冬十月。		以高崇文爲西川節度使。	
十一月。			回鶻入貢。
丁亥，二年。春正月，司徒杜佑請致仕。杜黃裳罷爲河中節度使，以武元衡、李吉甫同平章事。			

夏四月，群臣上尊號。李吉甫上元和國計簿。	戊子，三年，春正月，大赦。禁長吏詣闕進奉。夏四月，策試賢良方正、直言極諫舉人。	五月。
以普寧公主適于季友。○注：季友，山南東道節度使于頔之子也。		
鎮海節度使李錡反。以武元衡爲西川節度使，高崇文爲邠寧節度使。鎮海兵馬使張子良執李錡，送京師誅之。以白居易爲翰林學士。		
		沙陀來降。以其酋長執宜爲陰山兵馬使。

秋七月朔，日食。以裴垍同平章事。邠宣公杜黄裳卒。

○注：酋長朱邪盡忠，與其子執宜，謀復歸唐，帥部落三萬而東。○朱邪入中國始此，此五季唐之始。

杜黄裳卒。

南詔異牟尋死，子尋閣勸立。○注：在位一年。

己丑，四年春正月，鄭絪罷，以李藩同平章事。

三月。

閏月，制降繫囚，蠲租稅，出宮人，絶進奉，禁掠賣。

成德節度使王士真卒，子承宗自爲留後。

〇注：詔贖魏徵故第，賜其家。立鄧王甯爲皇太子。

夏六月，毀安國寺碑樓。〇注：吐突承璀所修，納李絳之諫而毀之也。

秋九月，以許孟容爲京兆尹。

冬十一月。

以王承宗爲成德節度使。

吐蕃寇振武豐州。

彰義節度使少誠卒。〇注：初，少誠寵其大將少陽，名以從弟，如至親。少誠病，少陽殺其子，自攝副使。少誠死，少陽自爲留後。

雲南王尋閤勸死，其子勸龍晟立。〇注：在位七年。

庚寅，五年春正月。

貶元稹爲江陵士曹。

三月。

以吳少陽爲淮西留後。

秋九月，以權德輿同平章事。

冬十一月，裴垍爲兵部尚書。

〇注：垍得風疾，上甚惜之。

十二月。

辛卯，六年春正月，以李吉甫同平章事。

二月，李藩罷爲太子詹事。

秋九月，梁悦報父仇殺人，杖而流之。〇注：韓愈議曰：『律無復仇之條，非闕文也。蓋不許則傷孝子之心，而乖先王之訓；許之，則人將倚法專殺而無以禁止其端。故聖人丁寧其義于經，而深没其文于律，其意將使法吏斷于法，而經術之士，得引經而議也。』

以李絳爲中書舍人。

以李絳爲户部侍郎。

冬十二月，以李絳同平章事，太子寧卒。大稔。

壬辰，七年夏四月。

秋七月，立遂王恒爲皇太子。

八月。

冬十月。

封恩王等女爲縣主。

以崔群爲中書舍人。

魏博節度使田季安卒。○注：時軍政廢亂，夫人元氏立其子懷諫爲副大使，時年十一。召興爲都知兵馬使。

詔以田與爲魏博節度使。

十一月。

〇注：興魏博節度使田季安之兵馬使也。

賜田興名宏正。

吐蕃寇涇州。

癸巳，八年春正月，權德輿罷。〇注：李吉甫、李絳數爭論于上前，權德輿與在中無所可否，上故罷之。徵西節度使武元衡入知政事。

甲午，九年春正月，李絳罷爲禮部尚書。

夏六月，以張宏靖同平章事。

秋七月。

以岐陽公主適司議郎杜悰。〇注：公主，上長女，郭妃所生，有賢行。悰，杜佑之孫也。

閏月。		彰義節度使吳少陽卒，其子元濟，自領軍務。	
冬十月，李吉甫卒。十二月，以韋貫之同平章事。		李吉甫卒。	
乙未，十年春正月。		吳元濟反。	
三月。		以柳宗元爲柳州刺史，劉禹錫爲連州刺史。田宏正遣其子布，將兵助討淮西。	
夏五月。六月，盜殺中書侍郎、同平章事。武元衡擊裴度傷。○注：殺武元衡者，李師道也。以裴度同平章事。		遣御史中丞裴度，宣慰淮西行宮。	

秋七月。八月朔，日食。李師道遣兵襲東都，捕得伏誅。

靈武節度使李光進卒。〇注：光進，李光顔之弟也。

九月。

以韓宏爲淮西諸軍都統。

冬十一月，盜焚獻陵寢宮永巷。

吐蕃請互市，許之。

丙申，十有一年春正月，張宏靖罷爲河東節度使。蕭俛罷。

制削王承宗官爵，發兵討之。

二月，以李逢吉同平章事。

三月，皇太后王氏崩。

秋八月，韋貫之罷爲吏部侍郎。

葬莊憲皇后。

冬十一月，以柳公綽爲京兆尹。

十二月，以王涯同平章事。

以李愬爲唐、鄧節度使。

吐蕃贊普死，新贊普可黎足立。南詔勸龍晟爲其下所殺。○注：勸龍晟淫虐不道，其臣王嵯顛弑之，立其弟勸利晟。

		○注：李愬，洮州臨潭人，晟之子也。
丁酉，十有二年，春三月。		淮西文城柵降。 ○注：因王士良而得文城柵守吳秀琳，因吳秀琳知有李祐。
夏四月。		淮西郾城降。 ○注：郾城令董昌齡聽母『順死賢于逆生』之言，遂舉城降。令文城降，而後得李祐，郾城降，而後蔡兵書萃于洄曲，此李愬之所以成功也。
五月。		罷河北行營。 ○注：欲并力取淮西也。李愬擒淮西將李祐。
六月。		吳元齊請降。

秋七月。

九月，以崔群同平章事，李逢吉罷。

冬十月，李愬夜襲蔡州，擒吴元濟，檻送京師。以李鄘同平章事。

○注：爲其所將董重質所制，不得出。

以孔戣爲嶺南節度使。○注：冀州人，先聖三十八世孫。以裴度兼彰義節度使，充淮南宣慰招討使。○注：度奏刑部侍郎馬總爲宣慰副使，韓愈爲行軍司馬。

李愬攻吴房，入其外城。○注：吴房，汝南縣名。

李愬夜襲蔡州，擒吴元濟，檻送京師，裴度入蔡州。

裴度入蔡州。 十一月，上御門受俘，誅吳元濟。賜李愬爵涼國公，韓宏等遷官有差。 十二月，賜裴度爵晉國公，復入知政事。			戊戌，十有三年，春二月，修麟德殿，浚龍首池起承暉殿。李鄘罷爲户部尚書，以李夷簡同平章事。 夏四月，賜六軍辟仗使印。	
	賜李愬爵涼國公，韓宏等遷官有差。以宦者爲館驛使，以李祐爲神武將軍。	賜裴度爵晉國公，復入知政事。		王承宗納質請吏，復獻二州，詔復其官爵。

五月。

六月朔，日食。

秋七月，李夷簡罷爲淮西節度使。

八月，王涯罷。以皇甫鎛、程異同平章事。○注：鎛、異皆佞巧小人，豈可爲相，裴度諫之，不聽。

以李光顏爲義成節度使。

以李愬爲武寧節度使。

冬十一月。

吐蕃寇夏州。

己亥，十有四年，春正月，遣中使迎佛骨至京師。貶韓愈爲潮州刺史。

貶韓愈爲潮州刺使。○注：因表諫佛骨也。

二月。

平盧都將劉悟執李師道，斬之。○注：自是淄青等十二州皆平。自廣德以來垂六十年，

夏四月，詔諸道支郡兵馬，并令刺史領之。○注：自秦人郡縣天下，其權悉制于天子。太宗造唐，嘗欲講封建而卒不行。然自中世以後，遂有藩鎮之禍，肅代德順旰食不支。至元和號爲中興，亦且因仍不改，故兩河復失。程異卒。裴度罷爲河東節度使。

秋七月，群臣請上尊號，以令狐楚同平章事。

藩鎮跋扈，河南北三十徐州，自除官吏不供貢賦，至是悉遵朝廷約束矣。以劉悟爲，義城節度使。

程异卒。

八月，以韓宏爲司徒兼中書令。

冬十月，崔群罷爲湖南觀察使。

魏博節度使田宏正入朝。

吐蕃寇鹽州。

庚子，十有五年，春正月，上暴崩于中和殿。閏月，太子即位。○注：唐世宦官弑君、立君始此。內常侍陳宏志弑逆也。

按：憲宗志平僭亂，所向有功，真中興之主矣！然有二病焉，一任宦閹，一好進奉《綱目》，終憲之世，非是無譏者，末年信惑異端，身陷大禍，豈不重可惜哉。

貶皇甫鎛爲崖州司户，蕭俛段文昌同平章事。尊貴妃郭氏爲皇太后。○注：后，郭曖之女也。

皇甫鎛貶爲崖州司户。

上與群臣皆釋服。○注：君弑，不討賊，踰月皆釋服，又且因肆赦，而盛陳倡戲焉，人倫滅矣。

二月，大赦天下。

夏五月

六月，葬景陵○注：在西安府蒲城縣南三十里金幟山。太后居興慶宫。

秋七月，令狐楚罷。

八月，以崔植同平章事。

九月，大宴。○注：曹操卒未半年，而曹丕饗士，則書大憙宗弑，未十月而穆宗設宴，則書大皆罪其無父也。

以柳公權爲翰林侍書學士。

以元稹爲祠部郎，中知制誥。

冬十月，帝幸華清宮。

成德節度使王承宗卒，詔以田宏正代之，王承元爲義成節度使。

吐蕃寇涇州。

穆宗皇帝。○注：名恒，憲宗子。在位四年，壽三十歲。

辛丑，長慶元年春正月，詔河北諸道，各均定兩稅。蕭俛罷。段文昌罷，以杜元穎同平章事。

回鶻保義可汗死。

夏五月。

以太和長公主妻回鶻。

遣使冊回鶻崇德可汗，以太和長公主妻之。

秋七月。

成德兵馬使

冬十月，以王播同平章事。○注：播爲相，專以承迎爲事，未嘗言國家安危。

壬寅，二年春正月。

二月，崔植罷，以元稹同平章事。

王庭湊殺節度使田宏正。起復田布爲魏博節度使討之。○注：庭湊、王武俊義子。詔諸道討王庭湊，以牛元翼爲深冀節度使，庭湊圍深州。

以裴度爲鎮州行營都招討使。

魏博將史憲誠殺其節度使田布，以憲誠爲節度使。

以王庭湊爲成德節度使，遣兵部侍郎韓愈宣慰其軍。

以裴度爲司空、東都留守。

三月，詔裴度輔政。王播罷。

夏四月朔，日食。

六月，裴度罷爲右僕射，元稹罷爲同州刺史。以李逢吉同平章事。

冬十一月，太后幸華清宮，上畋于驪山。

十二月，立景王湛爲皇太子。

癸卯，三年，春三月，以牛僧儒同平章事。

夏五月。

六月，以韓愈爲京兆尹。

以柳公綽爲南山東道節度使。

南詔勸利晟卒，子豐祐立。○注：在位十六年。

秋八月，帝幸興慶宮。

九月，復以韓愈爲吏部侍郎。

甲申，四年，春正月，帝崩，太子即位。

二月，尊皇太后爲太皇太后，上母王妃爲皇太后。幸中和殿擊毬。

夏五月，以李程、竇易直同平章事。

六月，加裴度同平章事。

冬十一月，葬光陵。○注：在西安府蒲城縣北二十里堯山。

十二月。

敬宗皇帝。○注：名湛，穆宗子。在位二年，壽十八歲。

以裴度爲司空、山南、西道節度使。

回鶻崇德可汗死。

乙巳，寶歷元年，春正月，赦。

二月，浙西觀察使李德裕獻丹扆六箴。○注：一日宵衣，二日正服，三日罷獻，四日納誨，五日辨邪，六日防微。

夏四月，群臣上尊號，大赦。

秋七月，鹽鐵使王播進羡餘絹百萬匹。○注：羡餘有獻，此唐人大弊也。一鹽鐵使而進絹至百萬。掊斂至此可謂極矣。斯民何其不幸耶？造競渡船。

八月。

冬十一月，帝幸驪山温湯。

牛僧孺罷爲武昌節度使。

昭義節度使劉悟卒。

册回鶻昭禮可汗。

十二月。

以劉從諫爲詔義留後。以李絳爲太子少師分司。

丙午，二年，春二月，以裴度爲司空、同平章事。

三月，罷修東都。

秋九月，李程罷。

冬十一月，李逢吉罷。

十二月，宦官劉克明等殺帝于室内，立絳王悟。王守澄等討克明，殺悟，立江王涵。〇注：更名昂。唐宦官殺君立君再見于此。

李程爲河東節度使。

尊帝母蕭氏爲皇太后，以韋處厚同平章事。出宫人，放鷹犬，省冗食，罷别貯宣索。

按：敬宗二年間所紀，多善政。其惡在于狎昵群小，好戲遊，妄賜予而已。然裴度無能改于其德，而卒以宴呢遇殺。然則晏安之鴆毒可不戒哉！

文宗皇帝。○注：名涵，更名昂，穆宗子。在位十四年，壽三十三歲。

丁未，太和元年，夏四月，韋處厚請避位，不許。

五月。

六月，以王播同平章事。○注：播入朝以貢獻，得宰相。

以李同捷爲兖海節度使。○注：横海節度使全略之子。

秋七月，葬莊陵。○注：在西安府三原縣西北五里，陪葬悼懷太子。

冬十一月。

戊申，二年，春三月，親策制舉人。○注：賢良方正劉蕡對策極言其禍，有曰：『忠賢無腹心之寄，閽寺恃廢立之權』等语，考官不敢取，李郃曰：『刘蕡下第，我辈登科，能无厚颜。』

冬十二月，中书侍郎、同平章事韋處厚卒。○注：唐宰相之卒，自杜黄裳后，更歷四朝二十餘年。至處厚始具其官，亦可以知其選矣。以路隋同平章事。

兗海節度使李同捷不受詔，八月削其官爵。發諸道兵討之。

横海節度使烏重胤卒。

王庭湊陰以兵糧助李同捷。秋九月，詔削其官爵，命諸軍討之。

韋处厚卒。魏博军乱。○注：李同捷军势日蹙，王庭湊不能救，乃遣人说魏博大將亓志紹取魏博，志紹遂作亂。詔發義成軍討之。

己酉，三年，春正月。

義成節度使李聽討魏博亂軍，平之。

二月。

橫海節度使李祐帥諸道兵擊李同捷，破之。

夏四月。

李同捷降，滄景平。

六月。

魏州軍亂，殺其節度使史憲誠，推何進滔知留後以拒命。

秋八月，以李宗閔同平章事。

以何進滔爲魏博節度使。赦王庭湊，復其官爵。○注：庭湊因鄰道微露請服之意。遂赦之。

九月，命宦官毋得衣紗縠綾羅。 冬十一月，禁獻奇巧及織纖麗布帛。			南詔寇成都，入其郛。
庚戌，四年，春正月，以牛僧孺同平章事。			
二月。		興元軍亂，殺節度使李絳。	
三月。		以柳公綽爲河東節度使，以溫造爲山南西道節度使，討亂兵平之。	

夏六月，以裴度爲司徒、平章軍國重事。○注：度以老疾辭位，故有是命，詔三五日一入中書。

秋七月，以宋申錫同平章事。

九月，以裴度爲山南東道節度使。○注：初，度征淮西，奏李宗閔爲判官，由是漸獲進用。至是，怨度薦李德裕，因其謝病，出之。

冬十一月。

辛亥，五年，春三月。

貶漳王湊爲巢縣公，宋申錫爲開州司馬。○注：上與申錫謀誅宦官，京兆尹王璠洩其謀，王守澄等誣申錫欲立漳王，故貶之。

以李德裕爲四川節度使。

夏五月，命有司葺太廟。

秋九月。

壬子，六年，春正月，以水旱降繫囚。羣臣上尊號，不受。

冬十月，立魯王永爲皇太子。

李德裕索南詔所掠百姓四千人。

○注：晉得秦南鄉十二郡，書劉裕唐得南詔所掠四千人，書德裕皆歸功得之者也。

吐蕃將悉怛謀以維州來降，不受。

○注：維州，唐之故土陷于吐蕃者。李德裕降之，牛僧孺却之，而牛、李之是非已可見矣。

回鶻昭禮可汗爲其下所殺，從子胡特勒立。

十二月，牛僧孺罷爲淮南節度使。

癸丑，七年春正月，加劉從諫同平章事，遣歸鎮。

二月，以李德裕同平章事。

夏四月。

六月，李宗閔罷，以王涯同平章事，兼度支鹽鐵轉運使。

秋八月，詔諸王出閤。

冬十月，羣臣上尊號，不受。上有疾。

甲寅，八年，春二月朔，日食。

冬十月，以李宗閔同平章事。

諸王出閤。

昭義節度使劉從諫入朝。以李德裕兵部尚書。

冊回鶻彰信可汗。

李德裕罷爲山南西道節度使。令進士復試詩賦。

十一月。

乙卯，九年春正月。

夏四月，路隋罷以賈餗同平章事。

五月。

六月，貶李宗閔爲明州刺史。

秋七月，以李固言同平章事。李固言罷爲山南西道節度使。

成德節度使王庭湊卒，其子元逵自知留後。

以王元逵爲成德節度使。

以宦者仇士良爲神策中尉。

宦者陳宏志伏誅。○注：李訓爲上謀，討元和之亂也。

以舒元輿李訓同平章事。

冬十月，加裴度兼中書令。

十一月，李訓、舒元輿、鄭注等謀誅宦官，不克。以鄭覃、李石同平章事，仇士良殺訓、注、元輿及王涯、賈餗等。○注：甘露之變，文宗失于用小人之謀故其禍至此。

十二月，以薛元賞爲京兆尹。

丙辰，開成元年春二月，詔京兆收葬王涯等。

殺王守澄。○注：李訓、鄭注請之也，于是元和之逆黨略盡矣。

加劉從諫檢校司徒。○注：因從諫疏王涯等被誣，并暴揚仇士良罪惡，士良等懼，乃加檢校司徒。

夏四月，以李固言同平章事。秋七月，復宋申錫官爵。

丁巳，二年，春三月，彗星出。○注：間二歲而以大喪書矣。夏四月，以陳夷行同平章事。冬十月，國子監石經成。李固言罷。

以柳公權爲諫議大夫。

南詔豐祐卒，子酋龍立，自號皇帝，因號大理。

戊午，三年春正月，盜射傷李石。以楊嗣復、李珏同平章事。李石罷爲荊南節度使。冬十月，太子永暴卒。○注：唐無父子之恩，是以儲貳多不安其位。文宗惟一子，不思繼體之重，擇賢師傅以教誘之，

吐蕃彝泰贊普死，弟達磨立。

乃聽楊貴妃譖毀，卒不免死。晚年不得已立兄子，又爲中人廢殺之。傳至武宣，立不以正，遂有『兄弟不相爲後』之議、拜姪之嫌。雖身後入太廟亦不能自安，皆文宗有以自取之。文宗果能恤其子，必不至于若是也。

己未，四年，春三月，司徒中書令、晉文忠公裴度卒。

晉文忠公裴度卒。○注：度鎮河東，以疾求歸東都。詔入知政事。正月至京師，不能入見，勞賜旁午，至是薨。上怪度無遺表，問其家，得半藁，以儲嗣未定爲憂，言不及私。度身貌不踰中人，而威望遠達四夷。四夷見唐使，輒問度老少用捨。以身繫國家輕重如郭子儀者，二十餘年。

夏五月，鄭覃、陳夷行罷，以崔鄲同平章事。

冬十月，立陳王成美爲皇太子。○注：成美，敬宗少子。是歲，天下户數四百九十九萬六千七百五十二。○注：自廣德甲辰書，天下户口之數二百九十餘萬。至是六十六年，所增者二百萬耳，甫及天寶之半，生聚之難如此。

庚申，五年，春正月，立潁王瀍爲皇太弟。廢太子成美爲陳王。○注：宦官仇士良、魚宏志以太子之立，功不在己，乃言太子幼且有疾，矯詔立瀍爲皇太弟，以成美復爲陳王。

回鶻相掘羅勿弑彰信可汗。○注：國人立㕎馺特勒爲可汗。會歲疫，大雪，羊馬多死。回鶻逐衰。

帝崩，太弟瀍殺陳王成美，遂即位。

賀善贊曰，文宗恭寬勤儉多可紀者，然深惡朋黨而不知所辨，欲去宦官而不知所倚，篇中所載非二李之出入，即訓注之始末也。至于太子暴薨而不書暴，太弟矯詔立而不書矯，《綱目》尤不滿焉。

夏五月，楊嗣復罷，以崔珙同平章事。

秋八月，葬章陵。○注：在西安府富平縣西北二十里天乳山。

九月，李珏罷，以李德裕同平章事。

冬十月，蕭太后徙居積慶殿。

武宗皇帝。○注：名瀍，文宗弟。在位六年，壽三十三歲。

魏博節度使何進滔卒，子重順知留後。

黠戛斯攻回鶻，破之，回鶻嗢没斯欵塞求内附。

辛酉，會昌元年，春二月。

三月，以陳夷行同平章事。

夏六月，詔羣臣言事，毋得乞留中。上受法籙于趙歸真。

秋九月，以牛僧孺爲太子太師。

冬十月，遣使訪問太和公主。崔鄲罷。

十二月。

回鶻立烏介可汗。

殺知樞密劉宏逸、薛季稜，貶楊嗣復、李珏爲遠州刺史，裴夷直驩州司馬。

以何重順爲魏博節度使。○注：賜名宏敬

遣使慰問鶻烏介可汗。

壬戌，二年，春正月。		以張仲武爲盧龍節度使。	
二月，以李紳同平章事。		以柳公權爲太子詹事。	
三月。		以劉沔爲河東節度使。	
夏四月，羣臣上尊號。			嗢没斯帥衆來降。
五月，陳夷行罷，以李讓夷同平章事。			以嗢没斯爲懷化郡王。
秋八月。		以白敏中爲翰林學士。	回鶻入寇，詔諸道討之。
冬十一月。	遣使賜太和公主冬衣。		吐蕃達磨贊普死。
癸亥，三年春正月。	迎太和公主歸。	劉沔大破回鶻。	

二月朔，日食。崔珙罷。

夏四月，李德裕乞罷平章事。以崔鉉同平章事。築望仙觀于禁中。

六月。

秋九月。

冬十月。

太和公主至京師。

迎太和公主以歸。

昭義節度使劉從諫卒，其子稹自爲留後。詔諸道討之。

內侍監仇士良致仕。○注：宦官未有書致仕者，書士良何病唐也。

以劉沔爲義成節度使，李石爲河陽節度使。

黠戛斯遣使獻馬。

吐蕃論恐熱攻尚婢婢于鄯州。○注：吐蕃之俗不言姓，官族皆曰尚，王族皆曰論。

吐蕃尚婢婢遣兵擊論恐熱大破之。

十一月。	甲子，四年，春三月朔，日食。以趙歸真爲道門教授先生。 夏六月，詔減州縣冗官。 秋七月，以杜悰同平章事。 閏月，李紳罷。 八月，加李德裕太尉，賜爵衛國公。 冬十一月，貶牛僧孺爲循州長史，流李宗閔于封州。		
以兖王岐爲安撫党項大使，李回副之。○注：岐皇子。			
	以劉沔爲河陽節度使。	詔削仇士良官爵，籍没家貲。○注：得兵仗數千。	邢、洺、磁三州降，郭誼斬劉稹以降。
	黠戞斯遣使入貢。		

乙丑，五年春，羣臣上尊號。義安太后王氏崩。

夏五月，葬恭僖皇后。杜悰、崔鉉罷，以李回同平章事。

秋七月朔，日食。詔毀天下佛寺，僧尼并勒歸俗。○注：佛教于是三黜矣。

冬十月，以道士劉玄静爲崇玄館學士。

十二月，是歲，天下户口四百九十五萬五千一百五十一。

册黠戛斯爲英武誠明可汗。

吐蕃論恐熱擊尚婢，婢大敗。

○注：自開成四年，至是六年，户口減去四萬一千六百，非有水旱也，其以河北用兵故與。

丙寅，六年，春三月，立光王忱爲皇太叔。帝崩，太叔即位。

謹按：夏后氏有天下傳於子，爲百王不易之法，是以三代盛時，父死子繼，兄亡弟及，昭穆有序，親親尊尊，家齊國治，天下平矣。周懿王崩，父共王弟辟方立爲孝王。孝王叔父也，臣也，懿王兄子也，君也。親親不害于尊尊，君臣之分，固在也。春秋有事于太廟，躋僖公謂之逆祀，臧文仲縱逆祀，孔子譏之。唐武宗疾篤，宦官定策禁中，立光王忱爲皇太叔。是時武宗不言旬曰矣，非有武宗立之也，立之者，宦官也。武宗崩，太叔即位，爲宣宗。宣宗，叔父也，藩王也，臣也。帝崩，子幼，藩王入承統，可也？君臣之分則不可紊，既曰叔矣，加以皇太之號，是親親害尊尊也。古無是號。自宣宗始，夫爲之後者爲之子，禮也。春秋之法，僖公父視閔公，則宣宗當父視武宗，明矣。宣嘗臣于武宗晚年，讒臣建議，直欲出其在廟之主，其言曰『拜兄』尚可，拜姪可乎？彼不知宗廟之禮，嗣君拜先君，非叔拜姪也。獨不考孝王承懿王之統，文仲縱逆嗣之譏乎？今故追原終始當書曰：『帝崩』，光王忱入即位，據事直書、以著藩王入承統之義而去宦官者，所定不正之名也。

夏四月，尊帝母鄭氏爲皇太后。李德裕罷爲荊南節度使，趙歸真等伏誅。

五月，詔上京，增置八寺，復度僧尼。以白敏中同平章事。

六月，定太廟爲九代十一室。

秋七月。

八月，葬端陵。○注：在西安府三原縣東一十里。陪葬王賢妃，其母韋太后，陵在咸寧縣東。

回鶻殺烏介可汗而立其弟遏捻。

以牛僧孺爲衡州長史，李宗閔爲郴州司馬。○注：僧孺、宗閔及崔珙、楊嗣復、李玨等五相，皆武宗所貶逐。至是同日北還，宗閔未行而卒。

九月，鄭肅罷，以盧商同平章事。

冬月，禘于太廟。帝受三洞法籙①。

十二月朔，曰食。

宣宗皇帝，○注：名忱，憲宗子，在位十三年。壽五十歲。

丁卯，大中元年，春二月，旱。以李德裕爲太子少保分司。○注：初，武宗欲相白居易，德欲沮之，引居易从弟敏中爲學士，至是敏中爲相，爲其兄修怨，竭力排之，使其黨訟德裕罪。卒至貶于崖州。

罷册黠戛斯可汗使。

①籙：同『箓』，道家用的符咒。

盧商罷，以崔元式、韋琮同平章事。

閏月，敕復廢寺。積慶太后蕭氏崩。

夏六月。

秋八月，李回罷。葬貞獻皇后。作雍和殿。

		以令狐綯爲考功郎中，知制誥。○注：綯楚之子，華原人。
	吐蕃寇河西，河東節度使王宰擊破之。○注：王宰以沙陀朱邪赤心爲前鋒，戰于鹽州，破走之。	復遣使册黠戛斯可汗。

○注：親睦兄弟作雍和殿于十六宅。冬十二月，貶李德裕爲潮州司馬。			
戊辰，二年春正月，羣臣上尊號。二月，作五王院。○注：處皇子之幼者。夏五月朔，日食。崔元式罷，以周墀、馬植同平章事。太皇太后郭氏暴崩于興慶宮。○注：據胡氏管見，當書帝弑太皇太后郭氏于興慶宮，以著宣宗弑嫡母之罪。秋九月，貶李德裕爲崖州司户。		以令狐綯爲翰林學士。	

冬十一月，葬懿安皇后于景陵之側。〇注：郭后，汾陽王之孫，憲宗之元妃，穆宗之嫡母，敬宗、文宗、武宗之祖母。歷五朝，母儀天下。宣宗初政，乃以庶子弑其嫡母，又不令葬祔饗尚，何以君天下乎！韋琮罷。

己巳，三年，春二月。

夏四月，周墀罷爲東川節度使。以崔鉉魏扶同平章事。

冬閏十一月，加順宗、憲宗謚號。李德裕卒。

萬壽公主適起居郎鄭顥。

李德裕卒。〇注：裴度、德裕皆唐賢相，大中以後無有能繼之者。德裕才優于度，而德器不及，是以度雖爲小人所傾而能以功名終，德裕一失勢而斥死海上也。

吐蕃三州七關來降。

庚午，四年，夏四月，貶馬植爲常州刺史。六月，魏扶卒。以崔龜從同平章事。冬十月，以令狐綯同平章事。		魏扶卒。	
辛未，五年，春二月。三月，以白敏中充招討党項都統制置使。		以裴休爲鹽鐵轉運使。	
夏五月。冬十月，以魏謩同平章事。崔龜從罷。			吐蕃論恐熱入朝。
壬申，六年，春三月。		詔大將軍鄭光，賜莊免稅役，尋罷之。	

夏六月。

秋八月，以裴休同平章事。

冬十月。

十二月，復禁私度僧尼。

癸酉，七年，冬十二月，度支奏歲入之數。○注：錢九百二十五萬緡[1]，內五百五十萬緡，租稅八十二萬餘緡，榷酟[2]二百七十八萬餘緡，鹽利。

以畢諴爲邠寧節度使。○注：諴，偃師人構之從孫也。上與論邊事，諴援古據今具陳方略。上悅，曰：『不意頗牧近在禁中。卿其爲朕行乎？』

畢諴招諭黨項降之。

以鄭光爲右羽林統軍。○注：終不復任以民官。

①緡：舊時穿錢的繩子。亦指成串的錢。②酟：增添。

甲戌，八年，春正月朔，日食。罷元會。冬十月，詔雪王涯、賈餗等。	乙亥，九年，春正月。 秋七月，崔鉉罷。	丙子，十年春正月，以鄭朗同平章事。 夏五月，以韋澳爲京兆尹。 六月，裴休罷。 冬十一月，詔議遷穆宗以下出太廟。以崔慎由同平章事，詔內園使李敬實剝色配南牙。
	成德節度使王元逵卒軍中，立其子紹鼎爲留後。	
		册回鶻爲懷建可汗。

○注：内侍有衣黄，衣绿，衣緋，衣紫者，剝色謂剝降服色，而亂役。

丁丑，十有一年，春二月，魏謩罷爲西川節度使。秋七月，以蕭鄴同平章事。

八月。

冬十月，鄭朗罷。遣使迎道士軒轅集于羅浮山。

成德軍節度使王紹鼎卒，軍中立其弟紹懿。

戊寅，十有二年，春正月，以劉瑑同平章事。

二月，崔慎由罷。

夏四月，以夏侯孜同平章事。

嶺南軍亂。

五月，劉瑑卒。		劉瑑卒。湖南軍亂，逐觀察使韓琮。	
六月。		江西軍亂，逐觀察使鄭憲。	
秋七月，河南北、淮南大水。○注：盜賊之陰兆矣。是時龐勛亂徐州，芝巢起山東，而唐遂以亡變，不虚生信哉。冬十二月，以蔣伸同平章事。		宣州軍亂，逐觀察使鄭薰。	
己卯，十有三年，夏四月。秋八月，帝崩，鄆王漼即位。○注：初，上長子鄆王溫，無寵，愛第三子夔王滋，欲以爲嗣，爲其非次，故久不建東宮。上餌李玄伯等藥，疽發于背，密以夔王屬王歸长等三人使立之獨中尉王宗實，素不同心，三人謀出宗實爲淮南監軍。宗實已受敕，將出，副使亓元實謂曰：『天子不豫逾月，中尉何不一見而出乎？』宗實悟。	以廣德公主適校書郎于琮。	武寧軍亂。	

入至寢殿，上已崩。宗實叱歸長等，責以矯詔，皆捧足乞命。乃迎鄆王立爲太子，更名漼。取歸長等，殺之。太子即位，是爲懿宗。尊皇太后爲太皇太后。

冬十一月，蕭鄴罷，以杜審權同平章事。令狐綯罷，以白敏中同平章事。

懿宗皇帝。〇注：名漼，宣宗子。在位十四年，壽三十一歲。

庚辰，咸通元年，春正月，葬貞陵。〇注：在西安府涇陽縣西北七十里仲山內。

浙東賊裘甫作亂。〇注：初，裘甫陷象山，官軍屢敗，于是諸道雲集，衆至三萬餘。鑄印，改元，自稱天下都知兵馬使，聲振中原。

南詔僭號，寇陷播州。

三月。

夏六月。

秋九月，以白敏中爲司徒、中書令。

冬十月，追復李德裕官爵，贈左僕射。夏侯孜罷，以畢諴同平章事。

以王式爲浙東觀察使，發諸道兵討裘甫，破之。

王式擒裘甫，送京師斬之。〇注：甫雖破滅而龐勛、芝巢之禍接踵而至，唐遂不支。

辛巳，二年春正月，白敏中罷，以杜悰同平章事。

壬午，三年，春正月，羣臣上尊號。蔣伸罷。

夏四月，置戒壇，度僧尼。

五月。

秋七月，以夏侯孜同平章事。

分嶺南東西二道，以韋宙、蔡京爲節度使。

徐州军亂，逐節度使温璋。詔以王式代之。蔡京伏誅。○注：京爲政苛慘，軍士遂之，貶崖州司户。不肯之官，敕賜自盡。

癸未，四年春正月。

二月朔，上歷拜十六陵。

夏四月，畢諴罷爲兵部尚書。○注：諴以同列多徇私不法，稱疾辭位。

五月，以楊收同平章事。○注：收與中尉楊玄价敘宗相結，故得爲相。杜審權罷。

六月，杜悰罷，以曹確同平章事。

秋七月朔，日食。

南詔陷交祉，經略使蔡襲死之。

甲申，五年，春三月，彗星出。○注：長三尺。胡氏曰：『彗，即孛①也。孛言其氣，彗言其象，氛祲②孛孛，如彗掃然，其光芒長大者，其禍緩，短而急者，其禍促。三尺，言其短也，禍促必矣。』

①孛：古書上指光芒强盛的彗星。 ②祲：不祥之氣，妖氛。

夏四月，以蕭寘同平章事。

秋七月。

冬十一月，夏侯孜罷，以路巖同平章事。

以康承訓爲將軍、分司，高駢爲嶺南西道節度使。

乙酉，六年。春正月，始以懿安皇后配饗憲宗。○注：郭太后失所久矣，至是始配饗，所以著宣宗之罪也。

三月，蕭寘卒，以高璩同平章事。

蕭寘卒。

夏六月，高璩卒，以徐商同平章事。

冬十月，太皇太后鄭氏崩。

高璩卒。

丙戌，七年，春三月。		成德節度使王紹懿卒，復歸政于其兄紹鼎之子景崇。	
夏五月，葬孝明皇后。○注：葬于景陵之側，祔於別廟。			
六月。		高駢大破南詔蠻，復取交址。	
冬十月，楊收罷。○注：楊玄价受方鎮之賄，屢有講托，收不能盡從，故出之。		以高駢爲静海軍節度使。	吐蕃拓跋懷光斬論恐熱，傳首京師。
十二月。			黠戛斯遣使入貢。
丁亥，八年，春二月。		歸義節度使張義潮入朝。	
秋七月，以于琮同平章事。		懷州民逐刺史劉仁規。	

○注：上元以來，書牙將遂其上矣，未有役卒遂其上者，至元和之末有之。未有民逐其上者，至是書民遂刺使，而唐之紀綱，大壞矣。

戊子，九年，秋七月。

桂州士卒作亂，判官龐勛將之。冬十月，陷宿、徐州，囚觀察使崔彥曾。十一月，詔康承訓發諸道兵討之。○注：初，南詔陷安南，敕徐、泗募兵二千赴援，分八百人別戍桂州，初約三年一代。至是，戍桂者已六年，屢求代還。徐泗觀察使崔彥曾以軍帑空虛、不能發兵請，令更戍一歲。

戍兵聞之怒，推龐勛爲主，劫庫兵北還。

己丑，十年，春正月。

以同昌公主適右拾遺韋保衡。○注：郭淑妃之女，上特愛之，貲①送無數。

二月。

康承訓大敗，賊將王宏立于鹿塘。○注：塘在開封府襄城縣地。

夏四月。

龐勛殺崔彥曾，自稱天册將軍，與官軍戰，大敗。馬舉救泗州，殺賊將王宏立，泗州圍解。

①貲：財物。

六月，徐商罷，以劉瞻同平章事。

秋八月。

冬十月。

陝民作亂，逐觀察使崔蕘。

賊將張玄稔以宿州降，引兵進平徐州。

以張玄稔爲驍衛大將軍，康承訓爲河東節度使，杜慆爲義成節度使，朱邪赤心爲大同軍節度使，賜姓李名國昌，辛讜爲亳州刺史。○注：自至德末復改太守爲刺史，至是，書以爲刺史者五十六，惟李勉、張萬福、劉擁、傅良弼、李岕、李行言、

庚辰，十有一年，春正月，羣臣上尊號。

三月，曹確罷，以韋保衡同平章事。

夏五月。

李君奭、于延齡、辛讜爲賞功。曹王皋、李宗閔爲量進，李納、田融、烏重胤、王弁、張元益，不得已而授之。齊總以賄，柳泌以左道，皆貶出者，自是以至唐亡，書以爲刺史者十有四，多武將也，以貶出爲之者，又寡矣。

貶康承訓爲恩州司馬。

光州民逐刺史李弱翁。○注：三年三書民逐其上，俱以見民罹暴虐、無所赴愬之弊也。

秋八月。
九月，貶劉瞻爲驩州司户。
冬十一月，以王鐸同平章事。
十二月。

同昌公主卒。

以李國昌爲振武節度使。

辛卯，十有二年，春正月。
夏四月，路巖罷。
五月，帝幸安國寺。○注：爲公主也。
冬十月，以劉鄴同平章事。

葬文懿公主。○注：葬具奢靡，譏厚費也。

壬辰，十有三年，春正月。

幽州節度使張允伸卒，以其子簡爲留後。

二月，于琮罷，以趙隱同平章事。

夏五月，貶于琮爲韶州刺史。

秋八月。

癸巳，十有四年，春正月，遣使迎佛骨，夏四月至京師。○注：憲宗迎佛骨，尋晏駕。懿宗迎佛骨，不三月而亡。奉佛之效如是，可不鑒諸？

六月，王鐸罷。○注：韋保衡挾恩弄權，王鐸薄其爲人，故譖而逐之。

秋七月，帝崩，普王儼即位。○注：儼，懿宗少子，時年十二。因中尉劉行深等之議，踰越四兄，蠢然即位，遂以亡唐。

歸義節度使張義潮卒，以其長史曹義金代之。

九月，貶韋保衡，尋賜死。
冬十月，以蕭倣同平章事。
十一月，貶路巖爲新州刺史。

僖宗皇帝，○注：名儇，懿宗少子，在位十五年，壽二十七歲。

甲午，乾符元年，春正月，關東旱饑。賜路儼死。

二月，葬簡陵。○注：在西安府富平鼎西北四十里紫金山。趙隱罷，以裴坦同平章事。

夏五月，裴坦卒，以劉瞻同平章事。

秋八月，劉瞻卒，以崔彥昭同平章事。

冬十月，劉鄴罷，以鄭畋盧檇同平章事。

韋保衡卒。

路嚴卒。

裴坦卒。

劉瞻卒。

十一月，羣臣上尊號。

魏博節度使韓允中卒。○注：允中，韓雄賜名也，子簡爲留後。濮州人王仙芝作亂，起于長垣。○注：今大名府開州。

遣使册回鶻可汗。

乙未，二年，春正月。

以高駢爲西川節度使。以宦者田令孜爲中尉。○注：上爲普王時，小馬坊使田令孜有寵。及即位，遂擢爲中尉。

夏四月。

浙西鎮遏使王郢作亂，陷蘇、常州。

五月，蕭倣卒。

六月，以李蔚同平章事。

丙申，三年，春二月，令天下鄉村各置弓、刀、鼓板以備羣盜。○注：足以貽千古之笑也。

三月，崔彥昭罷，以王鐸同平章事。

夏六月，雄州地震裂，水涌出。○注：故城在寧夏衛靈州城西南。

秋七月。

蕭倣卒。

王仙芝陷濮，曹州冤句人黃巢聚衆應之。○注：巢，曹州冤句人，善騎射，喜任俠，頗通書傳。屢舉進士不第，遂與仙芝其販私鹽。至是聚衆應之。

諸道營招討使

九月朔，日食。

宋威擊王仙芝于沂州，大破之。

高駢築成都羅城。王仙芝寇淮南諸州。以王仙芝爲神策押牙，不受。

丁酉，四年，春二月。

閏月。

夏四月朔，日食。

秋七月。

王郢陷明台州，王仙芝陷鄂州，黃巢陷鄆州。

南詔酋龍卒，子法立請和，許之。

王郢衆降，郢走明州，敗死。

王仙芝、黃巢圍宋州。

冬十一月。		王仙芝遣尙君長請降，宋威執之以獻，斬之。黃巢陷濮州。	
戊戌，五年，春正月。		王仙芝寇荊南。招討副使曾元裕大破王仙芝于申州，詔以爲招討使。大同軍亂，殺禦使段文楚，推李克用爲留後。	
二月。		曾元裕大破王仙芝于黃梅，斬之。黃巢自稱衝天大將軍，陷沂、濮，掠宋汴。	

夏四月，詔河南貸商稅富人錢穀，除官有差。

五月，鄭畋、盧樵罷，以豆盧瑑、崔沆同平章事。

六月。

秋七月。

九月，李蔚罷，以鄭從讜同平章事。

以李國昌爲大同節度使，國昌不奉詔。○注：朝廷以克用據雲中，以李國昌爲大同節度使，國昌欲父子并據兩鎮，得制書毀之，與克用合兵攻寧武及岢嵐軍。

以高駢爲鎮海節度使。

黃巢入浙東。

南詔請和親。

己亥，六年，春正月。

夏四月朔，日食。以王鐸爲行營招討都統。

秋七月。

冬十月。

高駢遣將分道擊黃巢，巢趣廣南。

黃巢陷廣州。

○注：是時，高駢奏：『請遣兵馬使張璘于郴州守險，王重任于循、潮二州邀遮，自將萬人自大庾嶺趣[1]廣州擊黃巢。巢必逃遁，乞敕王鐸以兵三萬守梧、昭、桂、永之險。』○此良策。可惜不用，又復移鎮淮南，其精鋭已自銷偄[2]，不復能振矣。

以高駢爲淮南節度使。

①趣：趨。　②偄：懦弱。

事。十一月，王鐸罷，以盧攜同平章		山南東道節度使劉巨容，大破黃巢于荊門。
庚子，廣明元年，春正月。		沙陀寇忻、代，逼晉陽。河東軍亂，殺節度使康傳圭。
二月。		殺左拾遺侯昌業。〇注：以昌業諫上專務遊戲，賞賜無度也。
三月。		以高駢爲諸道行營都統。
夏四月。		以李琢爲蔚朔節度使。

六月。		黃巢陷宣州。	遣宗正少卿李龜年與南詔和親。
秋七月。		黃巢渡江。李可舉討李克用，大破之。李琢討李國昌，敗之。國昌、克用逃走韃靼。黃巢渡淮。	
冬十月。		黃巢陷申州，入潁、宋、徐、兗之境。	
十一月。		黃巢陷東都。以秦宗權爲蔡州刺史。	
十二月，以王徽、裴澈同平章事。		黃巢入潼關。	

上走興元。○注：以黃巢入長安也。鳳翔節度使劉畋合鄰道兵討賊。車架至興元，詔諸道出兵收復京師。義成節度使王處存，舉兵入援。河東節度使王重榮舉兵入援。

以黃巢爲天平節度使。黃巢入長安。黃巢僭①號稱大齊皇帝，改元金統。黃巢遣朱温攻河中，節度使王重榮與戰，大破之，遂入援。○注：朱温，碭山人。少孤貧，與兄存昱依蕭縣劉崇家，崇數笞之，崇母獨憐之，戒家人曰：『朱三非常人，汝曹善遇之。』

辛丑，中和元年，春正月，幸成都以蕭遘同平章事。

①僭：超越本分，古代指地位在下的冒用在上的名義或禮儀、器物

二月，以王鐸同平章事。

三月，以鄭畋爲京城四面諸管都統。鄭畋傳檄天下，合兵討賊。

夏四月。

加高駢東面都統。○注：上遣使趣駢討黄巢，道路相望，駢終不出兵。

朱温陷鄧州。赦李克用，遣李友金召之。○注：友金欲入援，募得兵三萬，餘皆雜胡，屯于崞西，兵暴横不能制。乃言于監軍陳景思曰：『吾兄司徒父子勇略過人，爲衆所服，請奏天子赦其罪，則代北之人一呼響應。賊不足平也。』景思遣使言之，召如所請。

官軍入長安，黄巢走還襲之，復據長安。

五月。

六月，以鄭畋爲司空、同平章事，都統如故。

秋七月，以韋昭度同平章事。

高駢移檄討賊，出屯東塘。○注：晉丞相睿無北伐之志，則出師露次。高駢無討賊之義，則出屯東塘，皆著其不急君之罪也。

李克用陷忻代州。

殺左拾遺孟昭圖。○注：上日夕專與宦官同處，待外臣殊薄。孟昭圖上疏，田令孜屏不發，矯詔貶爲嘉州司户，使人沉于蟇頤津。○按：前殺昌業猶在播越之間，今則逃竄失國亦可少知自警，仍復如此，欲不亟亡，得乎？

八月，星交流如織，或大如杯椀。○注：西晉之末，五星互經天，未幾，五部之亂其應甚慘。今星交流如織，或大如杯椀，自己丑夜至丁酉始止，可謂變異之甚矣。自是而后，兵禍滋熾，宇縣分裂，歷五代八姓而後已，天戒豈不明哉？		壽州人王續作亂，陷光州。○注：緒，壽州屠者，聚衆爲盜，據本州月餘，復陷光州，秦宗權表爲光州刺史。固始縣佐王朝及弟審邽、審知，皆以材氣知名，緒以潮爲軍正，信用之。	南詔上表欵附。
九月。		高駢罷兵還府。	
冬十月，鄭畋赴行在。○注：李昌言作亂也。裴澈罷。		鳳翔行車司馬李昌言作亂。	
十二月。			武陵蠻雷滿等寇陷朗、衡、澧洲。
壬寅，二年春，以王鐸諸道行營都統。			

一月，以鄭畋爲司空、同平章事。

夏四月，王鐸以諸道兵逼長安。○注：官軍四集，巢勢日蹙，號令所行，不出同華。

秋九月。

冬十月。

朱温据同州。李克用寇蔚州。○注：前几赦而召之矣。今既陷忻、代，復犯蔚州，是賊而已矣，故書寇。

朱温以華州降王鐸，以爲桐華節度使。

以朱温爲河中行營、招討副使，賜名全忠。○注：賜名不書甚美，書甚惡，書書全忠，甚惡也。

十一月。

李克用將沙陀趣河中。〇注：應王鐸墨敕之召也。

十二月。

以李克用爲鴈門節度使。

癸卯，三年，春正月，以王鐸爲義成節度使。

李克用敗賊將黃揆于沙苑，王鐸以克用爲東北面行營都統。以宦官田令孜爲十軍十二衛觀軍容使。魏博節度使韓簡寇鄆州及河陽，其將樂行達殺之，詔以爲留後。〇注：賜名彥禎。

三月。

李克用圍華州，黄巢遣尚讓救之，克用逆戰破之。

夏五月。

李克用破黄巢，收復長安。○注：克用時年二十八，于諸將最少，而兵勢最强，破黄巢復長安功第一，諸將皆畏之，一目微眇[1]，時人謂之『獨眼龍』。

六月。

黄巢取蔡州，節度使秦宗權降之，合兵圍陳州。

①眇：瞎了一隻眼

秋七月，鄭畋罷爲太子太保，以裴澈同平章事。

冬十月。

十二月。

甲辰，四年，春二月。

夏四月。

以朱全忠爲宣武節度使。左驍衛上將軍楊復光卒于河中。○注：張承業以忠則卒具官，楊復光以功則卒具官中，官具官卒，終《綱目》二人而已。

李克用取潞州。

朱全忠據亳州。

以宗女妻南詔

東川節度使楊師立反。詔以高仁厚爲留後，討之。

李克用會許、汴、徐、兗之軍于陳州，黃巢退走。

五月。	黃巢趣汴州，李克用等追擊，大破之。尚讓師衆降巢，收余衆，奔兖州。李克用至汴州，朱全忠襲之，克用走還。
六月。	東川將吏斬楊師立以降，詔以高仁厚爲節度使。尚讓敗黃巢于瑕邱，賊黨斬巢以降。
秋七月。	時溥獻黃巢首，李克用表乞討朱全忠，詔諭解之。

八月。		進李克用爵爲隴西郡王。
冬十二月，盜殺中書令王鐸。		盜殺王鐸。○注：鐸，太原人，播之弟。
乙巳，光啓元年，春正月，車駕發成都。		詔招撫秦宗權。王緒陷汀、漳二州。
三月，車駕至京師。		秦宗權僭號。詔以時溥爲行營都統，討之。
夏六月。		秦宗權遣將孫儒陷東都。
秋七月。		殺右補闕常濬。○注：范氏曰：『殺諫臣，其國必亡。故侯昌業、孟昭圖、常濬皆以諫死，而唐亡之兆決[①]矣。』

①決：判定，斷定。

八月。

冬十月。

十二月，上奔鳳翔。○注：李克用進逼京師也。

丙午，二年，春正月，田令孜劫上如寶雞。朱玫、李昌符追逼車駕，上復走入大散關。

二月，至興元。○注：上于是再走興元矣。

王緒前鋒將擒緒，奉王潮爲將軍。

田令孜遣朱玫、李昌符攻河中。李克用救之，十二月進逼京師，上奔鳳翔。○注：克用救河中，則曲在令孜，至進逼京師，上奔鳳翔，則克用之罪不可逭[1]也。

①逭：逃避。

三月，以孔緯、杜讓能同平章事。			
夏四月，朱玫奉襄王熅權監軍國事，還京師。以鄭昌圖同平章事。		田令孜自爲西川監軍。	
五月。		朱玫自加侍中。	
六月。		詔扈蹕都將楊守亮與王重榮、李克用共討朱玫。	
秋七月。		朱玫遣王行瑜寇興州，詔神策都將李茂貞拒之。○注：茂貞，博野人宋文通也，以功賜姓名。	
八月。		盧龍節度使李全忠卒，以其子匡威爲留後。	

冬十月，朱玫立襄王熅稱帝，改元。○注：僖宗誠爲失德，然未至如桀紂之暴也。朱玫既爲田令孜所使，又反令孜而逼乘輿，遂至僭立非次，妄干位號，則其罪不可得而逃矣。

十一月。

十二月，王行瑜還長安，斬朱玫。熅奔河中，王重榮殺之，傳首行在。

王潮陷泉州。○注：陳岩表爲泉州刺史，民悦服。王绪自殺。	董昌取越州。○注：昌謂錢鏐曰：『汝能取悦州，吾以杭州授汝。』鏐將兵克之，昌遂移鎮越州，以鏐知杭州。昌，杭州人。鏐，臨安人。	孫儒陷河陽。○注：初，儒與劉建鋒戍蔡州，馬殷隸車中，以材勇聞。及秦宗權叛，儒等俱屬焉。

丁未，三年，春正月。

二月。

三月，車駕至鳳翔。

以王行瑜爲静難軍節度使，李茂貞領武定節度使，楊守亮爲山南西道節度使。以董昌爲浙東觀察使，錢鏐爲杭州刺史。

流田令孜于端州。〇注：令孜依陳敬瑄，竟不行。伐北節度使李國昌卒。

誅僞宰相蕭遘、鄭昌圖、裴澈。

夏四月。

利州刺史王建襲閬州而據之。○注：建勇而有謀，得士卒心。然利州四戰之地，難以久安。募溪洞酋豪八千襲閬州，逐刺史楊茂實，自稱防御使。遣使奉表，仗大義以行師。

淮南都將畢師鐸等發兵討呂用之，克揚州。用之亡走，師鐸執高駢而幽之。○注：師鐸本高駢遣使將兵屯高郵，備秦宗權也。師鐸因與用之有隙，疑懼不自謀，發兵討之。又乞宣州見察使秦彥出師助之，并許其克城之日迎彥爲帥。既克揚州，用之亡走，迎駢入道院，并收其親黨十餘人，幽之。

秋八月。

秦彦入揚州，盧州刺史楊行密引攻之。〇注：行密即行愍也，高駢改其名。

李昌符作亂。以李茂貞爲招討使討之。河中軍亂，殺節度使王重榮。詔以王重盈代之。李茂貞平隴州，李昌符伏誅。詔以茂貞爲鳳翔節度使。

九月，以張濬同平章事。

冬十月。

閏十一月。

十二月。

秦彦殺高駢。○注：彦與師鐸出師屢敗，疑駢在道院爲厭勝，外圍益急，恐駢党爲内應，乃殺駢并其子弟甥侄，同坎瘞[1]之。	朱全忠拔濮州，進攻鄆州。楊行密克揚州。	以朱全忠兼淮南節度使。楊行密斬呂用之。	秦宗權陷荊南。錢鏐取潤州。

①瘞：埋葬。

戊申，文德元年，春正月。

二月，上至長安。

三月朔，日食既。立壽王傑爲皇太弟。帝崩，太弟即位。〇注：上疾大漸，皇弟吉王保長而賢，君臣屬望，楊復恭請立其弟壽王傑。是日下詔，立傑爲皇太弟。上崩，遺制，太弟即位，更名敏。

孫儒殺秦彥、畢師鐸、鄭漢章。以朱全忠爲蔡州四面行營都統。

以楊行密爲淮南留後。魏博軍亂，逐其節度使樂彥禎，推其牙將羅宏信知留後事。

賀善贊曰：『僖宗之篇，非盜賊無書者。然有三事自唐以來所未有，殺三諫臣是也。即此足以決唐之必亡矣。』

夏四月。

冬十月，葬靖陵。○注：在西安府乾州城東北一十里。

十二月。

昭宗皇帝。○注：名傑，更名敏。懿宗第七子，在位十六年，壽三十八歲。己酉，龍紀元年，春正月，以劉崇望同平章事。

羅宏信殺樂彥禎及其子從訓。詔以宏信爲魏博留後。

蔡將申叢執秦宗權以降，以王建爲水平軍節度使。

二月。		秦宗權伏誅。	
三月。 冬十一月，上更名曄。上祀圜丘。		進朱全忠爵東平郡王。	
庚戌，大順元年，春正月，羣臣上尊號。		李克用拔邢州，王建攻邛州。	
二月。 夏四月，以張濬爲招討制使，會諸道兵討李克用。		楊行密取潤州，以楊行密爲寧國軍節度使。	
秋八月。		李克用執招討副使孫揆以歸，殺之。	
九月。		朱全忠圍澤州。 李克用養子存孝與，	

冬十月。

辛亥，二年，春正月，孔緯、張濬罷，以崔昭緯、徐彥若同平章事。

二月。

夏四月，彗星見，赦天下。

戰破之，復取潞州。○注：所以著其他日叛父之罪也。李匡威攻蔚州。李克用養子嗣源擊走之。○注：所以著其傳襲之始也。

王建取蜀州。李克用遣兵拒官軍于趙城。官軍潰。張濬、韓建遁還。

復李克用官爵。孫儒攻宣州。

加李克用中書令。

王建逐西川節度使韋昭度，還攻成都。

秋七月。

九月。

冬十月。

王建克成都，自稱西川留後。

以宦官楊復恭爲上將軍致仕。○注：終《綱目》，宦官致仕，仇士良、楊復恭二人而已。

以王建爲西川節度使。楊復恭謀反，遣天威都頭李順節討之。復恭走興元，與楊守亮等舉兵拒命。

壬子，景福元年春二月。			
三月。以鄭延昌同平章事。		以李茂貞爲山南西道招討使。以時溥爲太子太師，溥不奉詔。	
夏四月。		以錢鏐爲武勝軍防禦使。	
六月。		楊行密擊斬孫儒，遂歸楊州。王建圍彭州。	
秋八月。		以楊行密爲淮南節度使。	
冬。		以李存孝爲邢洺、磁節度使。	
癸丑，二年，春正月。		以李茂貞爲山南西道節度使，	

夏四月。		茂貞不奉詔。以柳玭爲瀘州刺史。	
五月。		王建殺陳敬瑄、田令孜。	
		王潮取福州。	
秋八月，以覃王嗣周爲京西招討使。討李茂貞。	覃王嗣周爲京西招討使。		
九月，以韋昭度、崔胤同平章事。		以錢鏐爲鎮海節度使。李茂貞、王行瑜合兵拒官軍。官軍逃潰。	
冬十月。		以李茂貞爲鳳翔兼山南西道節度使。	

十一月，以王行瑜爲太師，號尚父，賜鐵券①。○注：《綱目》書尚父者四：王行瑜書號，五代劉守光書推，錢鏐書加，惟郭子儀書尊。《綱目》書鐵券三：安禄山、李懷光、王行瑜，皆終反者也。

以王潮爲福建觀察使。○注：此閩王之基。

甲寅，乾寧元年，春正月。

二月。

二月，以鄭綮同平章事。

夏五月，鄭延昌罷。以李谿同平章事，尋罷之。

李茂貞入朝。○注：大陳兵自衛，數日歸鎮。

李克用克邢州，殺李存孝。

王建克彭州，殺楊晟。

①鐵券：古代頒賜功臣之物，以鐵制成，形如瓦，爲其記功免罪的依據。

秋七月，鄭綮致仕。○注：綮自以不合衆望，累表避位，可謂自知所審矣。以徐彦若同平章事

秋八月。

冬十二月。

乙卯，二年，春正月，以陸希聲同平章事。

二月，復以李谿同平章事，三月罷。

李茂貞克閬州。

楊復恭等伏誅。

以劉隱爲封州刺史。○注：封州刺史劉謙卒，其子隱居喪。賀江人謀亂，隱一夕盡誅之。嶺南節度使劉崇龜表爲封州刺史。○隱，上蔡人。

黃連洞蠻圍汀州，王潮遣兵擊破之。

李克用入幽州。

董昌僭號于越州。○注：浙東觀察使董昌求爲越王，不許，遂僭號稱帝。

崔胤罷，以王摶同平章事。

夏四月，罷諸王將兵。陸希聲罷。

諸王罷將兵。

副使黃碣、會稽令吴鐐、山陰令張遂，屢諫不聽。錢鏐遺書止之，不聽。鏐以狀聞。

楊行密取濠州。

○注：行密攻濠州，掠得徐州人李氏子，生八年矣，養以爲子。其長子渥憎之，不能容。行密因賜徐温以爲子。温名之曰知誥。知誥勤孝過諸子，温愛之，使掌家事。及長，喜書善射，識度英偉。行密謂温曰：『知誥俊傑①，諸將子不及也。』

以劉建鋒爲武安節度使。○注：建鋒以馬殷爲内外馬步軍指揮使。

①俊傑：才智傑出的人。

五月，王行瑜、李茂貞、韓建舉兵犯闕，殺韋昭度、李谿。以孔緯同平章事。		制削奪董昌官爵，委錢鏐討之。李克用舉兵討三鎮。○注：三鎮即王行瑜、李茂貞、韓建也。	
秋七月，上如石門鎮。○注：因王行約、李繼鵬作亂故也。以崔胤同平章事。車駕還京師。崔昭緯罷，以孫偓同平章事。		王行約、李繼鵬作亂。制削奪王行瑜官爵。以李克用爲招討使討之。	
九月，孔緯卒。		孔緯卒。	
冬十一月。		李克用克邠州。王行瑜伏誅。	
十二月，進李克用爵晉王。		進李克用爵晉王。	

丙辰，三年，春二月。

夏四月，河漲。

五月，崔昭緯伏誅。

秋七月，李茂貞舉兵犯闕，上如華州。崔胤罷，以陸扆同平章事。

八月，李克用發兵入援。王摶罷。以朱朴同平章事。

以通王滋判侍衛諸軍事。

李克用還晉陽。

武安軍亂，殺劉建鋒，推馬殷爲留後。○注：馬楚之基始於此。

董昌去僭號。崔昭緯伏誅。錢鏐克越州。伏誅。

九月，以崔胤、崔遠同平章事。

冬十月，以孫偓爲鳳翔四面行管招討使，討李茂貞。以王摶同平章事。

丁巳，四年，春正月，詔罷諸王所領兵及殿後四軍。

諸王罷所領兵。

以王潮爲威武軍節度使。以馬殷判湖南軍府事。

以錢鏐爲鎮海鎮東節度使。以劉隱爲清海行軍司馬。

〇注：清海節度使薛王知柔行至湖南，廣州牙將盧琚據境拒之，封州刺史劉隱襲廣州，斬琚，具軍容迎知柔入視事，知柔表隱爲行軍司馬。

立德王裕爲皇太子。○注：唐自武宗，四宗無書立太子者。于是復書，亦自是終矣。孫偓、朱朴罷。夏四月，遣使和解兩川。○注：漢獻之篇書，遣馬日磾、趙岐和解關東矣，于是再見衰世之政，一轍也。

六月。

秋八月。

	以覃王嗣周爲鳳翔節度使。	韓建、劉季述殺通王滋等十一人。○注：韓建，藩臣也；季述，閹奴也；通王滋等，皇子也。以皇子之貴而臣僕殺之，如斃犬豕，禍亂極矣。
	貶王建爲南州刺史。以李茂貞爲西川節度使。	

冬十月，立淑妃何氏爲后。○注：唐自代宗始，無書立后者。于是復書，亦自是終矣。	以韓建爲鎮國匡國節度使。詔削奪李茂貞官爵、姓名，發兵討之。復以王建爲西川節度使。	
十二月。	威武節度使王潮卒。○注：潮以弟審知爲觀察副使，有過，猶加錘撻①，審知無怨色。潮寢疾，捨其子，命審知知軍府事。	南詔驃信舜化上書。○注：驃信乃夷語，華言君也。
戊午，光化元年，春正月。	詔復李茂貞姓名、官爵，罷誅道兵。	
三月。	以朱全忠爲宣武宣義天平節度使。	

①撻：用棍、鞭等拍打。

秋八月，車駕至長安。		以馬殷知武安留後。	
九月。		錢鏐克蘇州。魏博節度使羅宏信卒。○注：軍中推其子紹威爲留後。以王審知爲威武節度使。	
冬十一月。		以羅紹威爲魏博節度使。	
己未，二年，春正月，崔胤罷，以陸扆同平章事。			
秋七月。		馬殷拔道州。	
八月。		李克用拔潞州。	

庚申，三年春二月。

夏六月，以崔胤同平章事，殺司空、同平章事王摶。

秋九月，崔遠罷，以裴贄同平章事。

冬十一月，中尉劉季述幽上于少陽院，而立太子裕。〇注：崔胤與帝謀誅宦官。宦官懼，劉季述等幽帝于少陽院，立太子裕。既而，孫德昭斬季述，帝復位。

李克用治晉陽城，殺王摶。朱全忠攻鎮州。馬殷取桂州。

按：唐自憲宗以來，爲宦官所殺者二君，所立者七君。昭宗輕佻狷急①，固足取禍，然此輩視置君如弈棋，而唐之公卿百官無一人敢與之抗，豈不深可歎哉！

辛酉，天復元年，春正月朔，神策指揮使孫德昭等討劉季述等，皆伏誅。上復位，黜太子裕爲德王。

進朱全忠爵爲東平王，李茂貞爲岐王。

南詔鄭買嗣弑其君驃信舜化，而自立。

①狷急：性情躁急。

二月，以王溥、裴樞同平章事。

夏五月。

六月，解崔胤鹽鐵使。○注：崔胤復請盡誅宦官，但以宫人掌内諸司事，未發事泄。宦官日夜謀所以去胤者，上因解胤鹽鐵使。是時，朱全忠、李茂貞各有挾天子令諸侯之意。韓全誨結茂貞，崔胤結朱温，各相傾軋。胤知謀泄事急，遺全忠書，稱被密詔，令全忠以兵迎車駕幸洛。

以宦者韓全誨、張彦宏爲中尉，袁易簡、周敬容爲樞密使。以朱全忠爲宣武宣義天平護國節度使。李茂貞入朝。

○注：鄭氏世爲蒙氏清平，既滅蒙氏改國大長和，凡三傳二十六年，至唐明宗天成元年，爲趙氏所滅。

冬十月。

十一月，韓全誨等劫帝如鳳翔，朱全忠取華州。○注：温兵大至，韓全誨等劫帝奔鳳翔。帝慟哭而去。既而温攻鳳翔，茂貞出戰，大敗。茂貞乃請于帝，誅全誨等，與温和，帝乃還京。朱全忠引兵至鳳翔城東而還。以盧光啟參知機務，崔胤、裴樞罷。

十二月。

朱全忠舉兵發大梁。○注：崔胤詔之，欲誅宦官也。

清海節度使徐彥若卒。○注：遺表薦劉隱權留後。

壬

壬戌，二年，春正月，以韋貽範同平章事。

二月，盜發簡陵。○注：懿宗陵也。

三月，以楊行密爲行營都統，賜爵吴王。

夏五月，韋貽範罷。進錢鏐爵爲越王。以蘇檢同平章事。

秋八月，起復韋貽範同平章事。

九月。

	楊行密賜爵吴王。	錢鏐進爵越王，朱全忠圍鳳翔。	兩浙軍亂，王建取興元。	以李茂貞爲鳳翔、静難、武定、昭武節度使。
	回鶻遣使入貢。			

冬十月，朱全忠遣使奉表迎車駕。

癸亥，三年春正月，李茂貞殺韓全誨等。帝幸朱全忠營，遂發鳳翔。復以崔胤爲司空、同平章事。車駕至長安，大誅宦官，以崔胤判六軍十二衛事。○注：袁紹悉誅宦官于前，董卓因詔以亡漢。崔胤大誅宦官于後，朱溫因詔以篡唐，雖快一時之急而國隨以亡，是猶惡衣之垢而焚之，患木之蠹[1]而伐之也，其爲害，豈不益多哉？

二月，貶陸扆爲沂王傅分司，賜蘇檢死，貶王溥爲賓客分司。

以輝王祚爲諸道兵馬元帥，朱全忠守太尉以副之。

賜朱全忠號回天再造、竭忠守正功臣。

①蠹：木中蟲也。

〇注：皆崔胤所惡也。進朱全忠爵爲梁王，崔胤爲司徒兼侍中，以裴樞同平章事。

秋八月，進王建爵爲蜀王。

冬十月。

〇注：朱温，巢賊之黨，凶暴桀逆①，罪不容誅，而乃加以『回天再造、竭忠守正。功臣』之名，與侯景自稱『宇宙大將軍』，相去無幾。未幾，篡弒滅唐，尚可謂之『回天再造、竭忠守正』者乎？進朱全忠爵爲梁王，梁王全忠辭歸鎮。

王建進爵爲蜀王。

山南東道節度使趙匡凝取荆南，表其弟匡明爲留後。

〇注：時天子微弱，諸道多不上供，惟匡凝兄弟委輸不絶，可謂忠矣。

①桀逆：兇暴忤逆。

十一月，以獨孤損同平章事，裴贄罷。

甲午，天祐元年，春正月，梁王全忠殺崔胤，以崔遠、柳璨同平章事。〇注：初，崔胤假①朱全忠兵以誅宦官。全忠既破李茂貞，遂有篡奪之志。至是，欲遷天子都洛，恐崔胤立異，密令朱友諒殺胤與其党鄭元規等数人。梁王全忠屯河中，表请遷都。上發长安，二月至陝。〇注：二月至陝，以東都宮闕未成，留止。王建遣兵迎車駕。

三月，以梁王全忠判六軍諸衛事。

李茂貞、李繼徽舉兵逼京畿。

朱全忠判六軍諸衛事。

①假：借用，利用。

梁王全忠赴洛陽。遣間使以密詔告難于四方。

夏四月，上至洛陽，更封錢鏐爲吴王。

五月，梁王全忠還鎮。

秋八月，梁王全忠弑帝于椒殿①太子祝即位。○注：帝自離長安，日憂不測，與何后終日沉飲，或相對悲泣。全忠欲立幼君，易謀禪代，乃遣判官李振至洛陽，與蔣玄暉、朱友恭、氏叔琮等圖之。玄暉選牙官史太等百人夜叩宫門，帝在椒殿方醉遽起，單衣繞柱走，太追弑之。立輝王祚爲皇太子，更名祝，于柩前即位，時年十三。

朱全忠赴洛陽。

錢鏐更封爲吴王。命魏博曰天雄軍。進羅紹威爵爲鄴王。

朱全忠還鎮。

①椒殿：后妃居住的宫殿。

九月，尊皇后爲皇太后。

冬十月朔，日食。

十二月。

昭宣帝。○注：名祚，更名柷。昭宗在位三年，被朱温所弒，壽十七歲。

乙丑，天祐二年。○注：君立，踰年改元，恒也。昭宣于是踰年矣，而不改先君之舊號，則臣子之罪也，其畏全忠甚矣。《綱目》非元年不書號，于是特書『昭宣帝，天祐二年，』所以表其爲新君之初年，以正始也。

春二月，葬和陵。○注：在河南府偃師縣南。

獨孤損、裴樞、崔遠并罷。

朱全忠殺德王裕等九人。

以劉隱爲清海節度使。

以張文蔚、楊涉同平章事。

夏四月，彗星出西北，長竟天。

○注：彗長竟天，大異也。間一歲而唐亡，變不虛生，信哉！

六月。

秋八月，徵前禮部員外郎司空圖詣闕，尋放還山。○注：唐末，進退不污者，惟司空圖一人而已。

冬十月，以梁王全忠爲諸道兵馬元帥。

○注：全忠使蔣玄暉邀德王裕九人，置酒九曲池，悉縊殺之，投尸池中。昭宗諸子于是皆死，而唐祚之移，決矣。

全忠殺裴樞、獨孤損、崔遠、陸扆、王溥等三十餘人。

改昭宗謚號。			
十一月，以梁王全忠爲相國，封魏王，加九錫，全忠不受。 十二月，朱全忠弑太后何氏，殺蔣玄暉、柳璨、張廷範。		吴王楊行密卒，子渥代爲淮南節度使。	
丙寅，三年，春正月，以梁王全忠爲三司都制置使。○注：三司之名始于此。 夏四月朔①，日食。 秋七月，梁王全忠還大梁。		羅紹威殺其牙軍②八千家。	
冬十月。		王建立行臺③。 梁王全忠以高季昌爲荊南留後。	
丁卯，四年。○注：四月以後，梁太祖朱晃開平元年，西川稱唐天復七年。			

①朔：農曆每月初一。 ②牙軍：牙兵，即親兵或衛兵。是中唐以後節度使的私兵，是節度使專兵的産物。主將所居之城因建有牙旗，故稱牙城。唐代節度使的官署稱爲使牙，節度使專門組織一支保護牙城與使牙的軍隊，叫做牙軍，或稱衙兵。他們有時也被派到外地作戰。牙兵是從『牙旗』一詞引申出來的，牙通衙，古代大將出鎮，例建牙旗，仗節而行，因而他們的官署稱牙，後作衙。 ③行臺：職官名。指置於外州的尚書省。本專主軍事，後始兼理民事，唐廢。

是歲唐亡。梁、晉、岐、淮南、西川，凡五國。吳越、河南、荊南、福建、嶺南，凡五鎮。

春正月。三月，帝遣使奉册寶①如梁。

夏四月，梁王全忠更名晃，稱皇帝，奉唐帝爲濟陰王。梁以汴州爲東都開封府，洛陽爲西都，長安爲大安府，佑國軍。

淮南牙將②徐温、張顥作亂。

盧龍節度使劉仁恭爲其子守光所囚。馬殷，梁以爲楚王。淮南、西川移檄③興復唐室。〇注：時惟河東、鳳翔、淮南稱天祐，西川稱天復年號，餘皆稟梁正朔。蜀王建與楊渥移檄諸道，云欲與岐王、晉王會兵興復唐室，卒無應者。建乃謀稱帝，遺晉王書，云請，各帝一方。晉王復書不許，曰：『誓于此生，靡①敢失節。』

契丹遣使如梁。〇注：初，契丹有八部，部各有大人，推一人爲王，建旗鼓以號令諸部，三年一代，以次爲之。及耶律阿保機，恃其强，不肯受代，七部劫之，阿保機不得已，傳旗鼓，請帥種落居古漢城，别自爲一部。後稍以兵擊滅七部，北侵室韋、女真，西取突厥故地，東北諸夷皆畏服之。是歲，帥衆三十萬寇雲州，晉王與之连和，约爲兄弟。阿保機既归而背盟，更附于梁，晉王由是恨之。

①册寶：册書和寶璽。 ②牙將：副將。 ③移檄：指發佈公文聲討。

岐王李茂貞開府。梁以錢鏐爲吴越王。梁以高季昌爲荆南節度使。○注：季昌，陝州人。梁王封其兄全昱爲廣王。

耶律，姓阿保機，名古。漢地，后魏滑鹽縣也。○此遼之始祖也。

六月。

梁侵晉，圍潞州。晉遣周德威等救之。

秋七月。

梁以劉守光爲盧龍節度使。

①靡：無也。這裡有不的意思。

八月。

九月。

冬十一月。

晉敗梁兵于潞州，梁築夾寨①守之。

蜀王王建稱帝。

○注：前書淮南西川移檄興復唐室，此書王建稱帝，則吳、蜀竊義之名，曉然自見。

義昌節度使劉守文舉兵討其弟守光。

①夾寨：隔河相對，互爲犄角的營寨。亦指環繞敵城建立的壁壘。

歷代統紀表卷之十

偃師段長基述编　男揩書　次孫鼎鑰　鼎鈞校刊

五代〇注：此後梁、唐、晉、漢、周爲大國，岐、淮南、西川蜀北漢南唐、楚、閩、吳、吳越、荊南爲諸小國。

	戊辰，無統。〇注：是歲西川稱蜀，凡五國五鎮。	春正月。	二月。
梁	梁太祖朱晃開平二年。		梁王晃弒濟陰王。
晉	晉〇注：李克用昭宗時封爲晉王，稱唐天祐五年。	晉王李克用卒，子存勖立。	晉兵馬使李克寧謀。
岐	岐〇注：李茂貞昭宗封爲岐王，稱唐天祐右五年。		
吳	淮南〇注：楊行密詔宗封爲吳王，稱唐天祐五年。		
蜀	蜀高祖王建武成一年。		蜀以張格同平章事。
吳越	吳越〇注：錢鏐字具美，杭州人。懿宗進封越王，又更封吳王，梁封爲吳越王。		
湖南	湖南〇注：馬殷，字伯圖，許州人。昭宣以爲武安節度使，梁封爲楚王，遂據潭湘及道桂象柳等州。		
荊南	荊南〇注：高季昌，字貽孫，陝州人。初爲李讓家奴，梁太祖時爲荊南節度使。		
福建	福建〇注：王審知，字信通，王潮之弟光，州人。昭宗時爲節度使，梁太祖封爲閩王。		
嶺南	嶺南〇注：劉隱，上蔡人，昭宗時爲清海節度使，有南海地。隱卒，弟巖嗣。初臣梁，既而稱帝，國號越，又改曰漢，改名龑。		
	異國		

	夏五月。	秋七月。	冬十月。	己巳。○注：是歲梁凡五開國五鎮。
○注：追謚曰哀帝。			華原賊帥温韜發唐諸陵。○注：華原在西安府城北。	
作亂，晉王殺之。	晉王攻梁夾寨，破之。潞州圍解，晉王歸晉陽。			晉稱唐天祐六年。
	淮南張顥、徐温弑其節度使楊渥温復攻顥，殺之。	淮南將吏推楊隆演爲節度使。		岐稱唐天祐六年。
				淮南稱唐天祐六年。
				蜀武成二年。

	梁	晉	岐	吳	蜀	吳越	湖南	荊南	福建	嶺南
春正月。	梁遷都洛陽。									
二月朔，日食。	梁攻岐，取丹、延、鄜、坊四州。			淮南徐温自領昇州刺史。						
夏四月。	梁以王審知爲閩王。					吳越擊淮南，破之。			王審知爲閩王。	
秋七月。	梁以劉守光爲燕王。○注：守光，盧龍節度仁恭之子，嘗囚其父自稱盧龍節度使。其兄守文討之，守光又執而囚之，至是梁以爲燕王。			淮南盡取江西地。						

庚午。○注：是歲淮南稱吴，凡五國五鎮。春正月。	二月。	夏五月。
梁開平四年。劉守光克滄州，殺其兄守文。		梁天雄節度使羅紹威卒，以其子周翰代之。
晉稱唐天祐七年。		
岐稱唐天祐七年。	岐王承制，加楊隆演嗣吴王。	
淮南稱唐天祐七年。	楊渥弟隆演嗣吴王。	
蜀武成三年。		

	六月。	秋八月。	冬十一月。	辛未。春正月朔，日食。
梁	梁以楚王殷爲天策上將軍。			梁乾化初年
晉				晉稱唐天祐八年。晉王伐梁軍于柏鄉，大破之。
岐				岐稱唐天祐八年。
吳				吳稱唐天祐八年。
蜀			蜀主立其假子宗裕等爲王。	蜀永平初年。
吳越		吳越築捍海石塘，廣杭州城。		
湖南	楚王殷爲天策上將軍。			
荆南				
福建				
嶺南				

三月。

清海節度使劉隱卒，其弟巖知留後。

夏四月。

晉王推劉守光爲尚父，梁亦以爲採訪使。○注：陽爲推尊以稔之也。

秋七月。

梁王避暑于張宗奭第。○注：宗奭即全義也，温假避暑以瀆亂①其婦女也。

①瀆亂：混亂，使混亂。

	梁	晉	岐	吳	蜀	吳越	湖南	荆南	福建	嶺南
八月。	燕王劉守光稱帝。									
冬十一月。	梁王還洛陽。	幽州參軍馮道來奔。〇注：晉王以爲掌書記。〇瀛洲樂壽人，伉之曾孫也。								
壬申。夏五月。	梁乾化二年。梁王至洛陽。	晉稱唐天祐九年。	岐稱唐天祐九年。	吳稱唐天祐九年。	蜀永平二年。					
六月。	梁郢王友珪，殺其主晃而自立。〇注：梁王淫虐亂倫，有子三，									

長友裕早卒，次友珪、友貞。梁主寵假子友文之妻王氏，欲傳國于友文。友珪知之，殺其父于寢殿，并遣使詣東都，命友貞殺友文而自立〇温以臣弑君，友珪即以子弑父，屠戮之慘，與禄山無異。此皆天理昭昭之報也。梁忠武軍亂，殺節度使韓建。

	秋七月。	癸酉。春二月。	夏六月。
梁	梁加吳越王鏐尚父。梁以敬翔同平章事。	梁王瑱乾化三年。梁均王友貞起兵討賊，友珪伏誅。友貞立于大梁，更名瑱。	梁賜高季昌爵渤海王。
晉		晉稱唐天祐十年。	
岐		岐稱唐天祐十年。	
吳	吳以徐温領鎮海節度使。	吳稱唐天祐十年	
蜀		蜀永平三年。	蜀以道士杜光庭爲諫議大夫。
吳越			
湖南			
荆南			高季昌爲渤海王。
福建			
嶺南			

	冬十月。	十一月。	甲戌。春正月。
			梁乾化四年。
		晉王入幽州，執劉仁恭及守光以歸。	晉稱唐天祐十一年。劉仁恭、劉守光伏誅。鎮定推晉王爲尚書令，始置行臺。
			岐稱唐天祐十一年。
			吳稱唐天祐十一年。
○注：名實相戾矣。蜀主殺其太子元膺。	蜀立子宗衍爲太子。		蜀永平四年。
			高季昌攻蜀夔州，克。

夏四月。	秋八月。	冬十一月。	十二月。
			蜀來，攻陷長城關。
	蜀以毛文錫判樞密院。	南詔寇蜀，蜀遣兵擊敗之。	蜀攻岐階州，破長城關。
楚人襲吴黃州，克之。			
		南詔寇蜀。	

乙亥。春二月。	夏四月。	六月。	秋七月。	八月。
梁貞明初年。梁分天雄爲兩鎮。○注：梁以魏博軍盛，分置昭德軍于相州。				梁復取澶州。
晉稱唐天祐十二年。	魏人降晉。六月，晉王入魏。	晉拔德州。	晉拔澶州，晉王勞軍魏縣。	晉遣李存審圍貝州。
岐稱唐天祐十二年。				
吳稱唐天祐十二年。				吳徐温出鎮潤州，留子
蜀永平五年。				

		冬十月。	十一月。	丙子。
梁		梁康王友敬作亂伏誅。		梁貞明二年。
晉				晉稱唐天祐十三年。
岐			岐耀、鼎二州降梁。	岐稱唐天祐十三年。
吳	知訓江都輔政。			吳稱唐天祐十三年。
蜀			蜀攻岐，克階、成秦、鳳州。岐將劉知俊奔蜀。	蜀通正初年。
吳越				
湖南				
荊南				
福建				
嶺南			廣州始與梁絶。○注：劉巖以吳越王鏐爲國王，而己獨爲南平王，表求封南越王，不許，貢使遂絶。	

秋七月。	八月。	九月。	十月。	十二月。
梁以吳越王鏐爲諸道兵馬元帥。				
	晉拔相邢二州。	晉王還晉陽。晉王如魏州。	晉王遣使如吳，吳擊梁，圍潁州。	
			蜀攻岐，圍鳳翔。	
吳越王爲諸道兵馬元帥。				
				楚王遣使如晉。
	契丹寇晉，陷蔚州。			契丹稱帝改元。

		丁丑。○注：是歲嶺南稱漢，凡六國四鎮。春二月。	三月。
梁		梁貞明三年。	
晉		晉稱唐天祐十四年。晉新州裨將盧文進殺其防禦使李存矩，亡奔契丹。	
岐		岐稱唐天祐十四年。	
吳		吳稱唐天祐十四年。	
蜀		蜀天漢初年。	
吳越			
湖南			
荆南			
福建			
嶺南		漢乾亨初年。	
	○注：契丹王阿保機自稱皇帝，國人謂之天皇。王以妻述律氏爲皇后，置百官。改元神册。在位十一年，五十五歲。		契丹陷晉新州，晉師攻之不克。

	夏四月。	五月。	秋八月。	冬十月。
				梁以吳越王鏐爲天下兵馬元帥。
	契丹圍幽州，遣李嗣源救之。		晉師擊契丹，敗之，幽州圍解。	晉王還晉陽。
		吳徐温徙治昇州。		
				吳越王爲天下兵馬元帥。
			劉巖稱越帝于廣州。	
契丹圍幽州。				

	十一月。	十二月。	戊寅。春正月。	夏六月。
梁		晉拔楊劉。梁主如洛陽，尋還大梁。	梁貞明四年。	梁人決河以限晉兵，晉王攻之，拔其四寨。
晉	晉王如魏州。	晉王襲梁。楊劉，拔之。○注：楊劉，河南地。	晉稱唐天祐十五年。晉師掠梁濮、鄆而還。	
岐			岐稱唐天祐十五年。	
吴			吴稱唐天祐十五年。	吴副都統朱瑾殺都軍期徐知訓，而自殺。
蜀		蜀殺其招討使劉知俊。	蜀光天初年。蜀信王宗傑卒。	蜀王建殂，太子宗衍立。
吴越				
湖南				
荊南				
福建				
漢				

秋七月。	八月。	冬十一月。	十二月。
	梁泰寧節度使張萬進降晉。		
	晉王大舉伐梁。張萬進來降。		晉王與梁軍戰于胡柳陂。周德威敗死。晉王收兵復戰，
吴以徐知誥爲淮南行軍副使，輔政。			
蜀以王宗弼爲鉅鹿王。	蜀以諸王領軍使。蜀以宦者歐陽晃等爲將軍。		
		越改國號漢。	

		己卯。春正月。	三月。
梁		梁貞明五年。	
晉	大破梁軍。	晉稱唐天祐十六年。 晉築德勝兩城。	晉王自領盧龍節度使。 晉以郭崇韜爲中門副使。
岐		岐稱唐天祐十六年。	
吳		吳楊隆演武義初年。	
蜀		蜀乾德初年。	
吳越			
湖南			
荆南			
福建			
漢			

		○注：孟知祥蘆之也。								
夏四月。	梁攻晉德騰南城，不克。			吳王隆演，建國改元。○注：以徐温爲大丞相，都督中外諸軍事。		吳越擊吳于狼山，破之。				
秋七月。		晉王以馮道掌書記。				吳越攻吳常州。吳入與戰，破之。				
八月。				吳與吳越連和。						
冬十二月。				吳團結民兵。						
庚辰。	梁貞明六年。	晉稱唐天祐十七年。	岐稱唐天祐十七年。	吳武義二年。	蜀乾德二年。					

	春正月。	夏四月。	五月。	秋八月。
梁		梁朱友謙取同州，遂以河中降晉。		
晉	晉以李建及爲代州刺史。○注：建及忠壯，與士卒同甘苦，所向有功廳，宦官之言罷其軍職。	朱友謙來降。		
岐				
吳			吳宣王隆演卒，弟溥立。	
蜀				蜀王北巡。冬十一月，
吳越				
湖南				
荊南				
福建				
漢				

	辛巳。春正月。	二月。
	梁龍德初年。	唐成德將張文禮弒
	晉稱唐天祐十八年。晉得傳國寶。○注：黃巢之破長安也，魏州僧得傳國寶，至是爲常玉，將鬻之。或識之，曰：『傳國寶也。』乃詣行臺獻之。	
	岐稱唐天祐十八年。	
	吳睿王楊溥順義初年。	
遣兵侵岐，不克而還。	蜀乾德三年。蜀主還成都，廢其后高氏。	

	夏六月朔，日食。	冬十月。	十二月。
梁	其節度使趙王鎔而代之。○注：唐亡上無天子節，鎮專地爲之屬者皆其臣矣。書弑所以正其君臣之分也。唐亡節度書弑二楊渥、王鎔。		
晉			契丹寇幽州，進寇義武，晉王救之。
岐			
吴		吴王溥祀南郊。	
蜀			
吴越			
湖南			
荆南			
福建			
漢			
			契丹寇幽州，拔涿州，進寇義武。

	壬午。春正月。	秋八月。	九月。	冬十一月。
	梁龍德二年。	梁取晉衛州。○注：李存儒失之也。		唐特進河東監
	晉稱唐天祐十九年。晉王擊契丹，大敗之。		晉王克鎮州，自領之。以符習爲天平節度使。	唐特進河東監
	岐稱唐天祐十九年。			
	吳順義二年。			
	蜀乾德四年。			
晉王救之。	晉擊契丹，大敗之。			

		癸未，○注：是歲梁亡，晉稱唐，凡五國四鎮。春二月。
梁	軍使張承業卒。	梁龍德三年，四月以后。唐庄宗李存勗同光初年。晉以豆盧革、盧程爲行臺丞相。
唐	軍使張承業卒。○注：曹太夫人爲之行服。晉王聞之亦不食者累日。承業在晉已非一日，唐亡十六載，必繫之以唐者，表承業之乃心，唐室也。	
岐		岐稱唐天祐二十年。
吳		吳順義三年。
蜀		蜀乾德五年。
吳越		吳越王鏐，梁以爲吳越王。
湖南		
荊南		
福建		
漢		

夏四月。

梁以錢鏐爲吳越王。	晉王存勗稱帝于魏州，國號唐。唐以豆盧革、盧程同平章事，郭崇韜、張居翰爲樞密使。
○注：鏐使建國，其儀衛名稱多如天子之制，惟不改元。置百官，有丞相、侍郎、客省①等使。	

①客省：古代官署名。

	唐建東西京及北都。○注：以魏州爲興唐府，建東京，又于太原府建西京，又以鎮州爲真定府，建北都，時唐國所有凡十三節度五十州。	閏月。
梁　唐		唐立宗廟于晉陽。唐遣李嗣源襲梁鄆州，取之，以嗣源爲節度使。
岐		
吴		
蜀		
吴越		
湖南		
荆南		
福建		
漢		

五月。	秋七月。	八月。
梁遣招討使王彦章攻唐德勝南城，拔之，進攻楊劉。六月，唐主救之，梁兵退。秋七月，彦章罷。	唐盧程罷。	梁以段凝爲招討使，遣王彦章、張漢傑攻鄆州。

	九月。	冬十月朔，日食。
梁　唐		唐主救鄆州，梁師敗績，王彥章死之。唐主入大梁，梁主瑱自殺，唐遂滅梁。○注：胡氏曰：『莊宗以宦官之譖罷李建及，而失忠壯之助；以俳優之悅，用李存儒而失要害之地；
岐		
吳		
蜀	蜀主宴群臣于宣華苑。	
吳越		
湖南		
荊南		
福建		
漢		

以役使之愛使朱守殷而陷南城，喪芻糧①數百萬，幾如是而地不蹙②、國不亡，然則不旋踵③而克梁者，非晉必當克也，蓋梁祚④告終之期促耳。』梁段凝降唐。唐貶梁宰相鄭珏以下十一人。○注：以其世受唐恩而仕梁貴顯也。敬翔、李振、趙巖、張漢傑等伏

①芻糧：糧草。多指供軍隊用的飼料和糧食。

②蹙：收縮。

③踵：脚後跟。

④祚：皇位。

唐	誅，夷其族。唐毁梁宗廟，追廢朱温朱友貞爲庶人。梁諸藩鎮入朝于唐者皆復其任。唐以郭崇韜守侍中，唐加李嗣源中書令。
岐	
吴	
蜀	
吴越	
湖南	
荆南	
福建	
漢	

彗星見。	十一月。
楚王殷遣使入貢。	唐廢北都爲成德軍，梁東京爲宣武軍，以宋州爲歸德軍。唐以趙光胤韋説同平章事。唐荊南節度使高季興入朝。唐復以長安爲西京京兆府。
吴遣使如唐。	
楚王遣使入貢于唐。	
	高季昌入朝于唐。○注：避唐諱改季興。

	十二月。	甲申。○注：是歲，岐降後唐，凡四國四鎮。春正月。
唐	唐還都洛陽。	後唐同光二年。岐王茂貞遣使入貢，唐復以宦官爲內諸司使及諸道監軍。○注：唐室亡于宦官，莊宗之所知也。天佑以來改用士人，于是又尋覆轍，亡國有由矣。
岐		岐王茂貞遣使入貢于唐。
吳	吳復遣使如唐。	吳順義四年。
蜀		蜀乾德六年。
吳越		
湖南		
荊南	高季興還鎮。	
福建		
漢		
		契丹寇幽州。

	二月。	三月。
唐太后至洛陽。	唐主祀南郊，大赦。唐以李茂貞爲秦王。唐立夫人劉氏爲后。	唐封高季興爲南平王。唐以李存賢爲盧龍節度使。
		蜀主宴群臣于怡神亭。
		高季興，唐封爲南平王。

		夏四月。	五月。
後唐	唐遣使按視諸陵。	唐王加尊號。唐秦王李茂貞卒。○注：遣奏以其子繼曮權知軍府事。	唐以伶人陳俊、儲德源爲刺史。唐以李繼曮爲鳳翔節度使。
吴			
蜀			
吴越			
湖南			
荊南			
福建			
漢			
			契丹寇幽州。

六月。	八月。	冬。	十二月。
唐以李嗣源爲蕃漢馬步總管。		吴越來貢。	唐主及后如河南尹張全義第。
		吴王如白沙。	
	蜀中書令王宗儔卒。	蜀以宦官王承休爲龍武指揮使。蜀遣使如唐，罷北邊兵。	蜀復以張格同平章事。
		吴越入貢于唐。	
			契丹寇蔚州。

		春正月。乙酉。	二月。	三月。
后唐	○注：朱温避暑于全義之家，唐主又挾其后偕往，至使后父事全義，淫縱相尋，世變日下，正以著其亂亡之跡耳。	後唐同光三年。唐主如興唐。	唐以李嗣源爲成德節度使。	唐黜李從珂
吴		吴順義五年。		
蜀	蜀以王承休爲天雄節度使。	蜀咸康初年。		
吴越				
湖南				
荆南				
福建				
漢		漢白龍初年。	漢遣使如唐。	

夏四月朔，日食。大旱。

爲突騎指揮使。唐遣使采民女入後宫。唐復以洛陽爲東都，興唐爲鄴都。

五月。

唐太妃劉氏卒。

六月甫。

唐作清暑楼。

吴鎮海判官陳彦謙卒。

	秋七月。	九月。	冬十月。
後唐	唐太后曹氏殂。○注：唐主哀毀，五日方食。	唐遣魏王繼岌及郭崇韜伐蜀。	
吳			
蜀		蜀主與太后太妃游青城山。	蜀主東遊。○注：按，王衍即位以來，凡書者十六事，宦官者三，遊宴者五，殺諫臣、廢后者各一，餘則用小人而已。若是其有不亡者乎？
吳越			
湖南			
荊南			
福建			
漢			

丙戌。○注：是歲蜀亡，閩建國，凡四國三鎮。春正月。	十二月。	十一月。
後唐同光四年。明宗嗣源天成初年。唐護國軍節度使李繼麟入朝。	唐以孟知祥爲西川節度使。唐王獵于白沙。	唐師滅蜀，蜀王王衍降。
吳順義六年。		
	蜀王宗弼、王承休伏誅。	蜀王衍降唐。
吳越寶正初年。		
	閩王審知卒。子延翰立。	
	漢白龍見。○注：漢王改名龑。長和來求昏。	
	長和求昏于漢。○注：長和即唐之南昭也，鄭買嗣之子旻求昏于漢，漢以其增城公主妻之。	

		二月。
後唐	唐魏王繼岌殺郭崇韜。唐復以故蜀樂工嚴旭爲蓬州刺史。唐殺其睦王存乂及李繼麟。唐魏王繼岌發成都。	唐鄴都亂，遣李嗣源將親軍討之。
吳		
吳越		
湖南		
荊南		
福建		
漢		

討鄴兵劫李嗣源入鄴都。李嗣源奔相州，引兵向大梁。唐主如關東，李嗣源如大梁。唐主乃還。

○注：按，《綱目》于李嗣源多恕辭，亮其無利之之心也。歐陽修五代史，于莊宗本紀書李嗣源反，明君臣之大義也。奔相州以前固不得誣以爲反，既入大梁，以後亦不得謂之非反也。唐殺故蜀王王衍，夷其族。

夏四月。

後唐　唐伶人郭從謙弑其主存勗。李嗣源入洛陽。唐太原軍亂。唐李嗣源監國。

吳

吳越

湖南

荊南

福建

漢

胡氏曰：『莊宗初立，決勝夾寨，解潞州之圍，歸而治國訓兵，事各有理。使朱温未死，固必爲所擒矣。既違張承業忠謀，亟稱尊號，則舉措之失已稍見矣。逮滅梁之後，遂無一善可稱，與向者猶二人。然是何也？才器有限也。若曰天數，則裂膚汗血、沐雨櫛風，凡十五年，而後得好田、好獵、好女，寵伶人豈亦天耶？』

唐監國嗣源殺劉后及諸王。唐監國嗣源殺李紹榮。唐魏王繼岌至長安，自殺。唐主嗣源立。唐以鄭珏、任圜同平章事。唐以馮道、趙鳳爲端明殿學士。

高季興以孫光憲掌書記。

	秋七月。	八月朔，日食。
後唐	唐遣供奉官姚坤如契丹告哀。	唐孟知祥增置營兵。
吳		
		孟知祥增置營兵。○注：知祥，字保胤，邢州人。李克用姪壻也，莊宗時授西川節度使。
吳越		
湖南		
荊南		
福建		
漢		
	契丹攻渤海，拔夫餘城。○注：以其長子突欲鎮之，號人皇王。契丹阿保機死。○注：卒于夫餘城。	

九月。	冬十月。	十二月。
		唐主以其子從榮爲天雄節度使。
	王延翰自稱閩王。	閩王延稟弑其君延翰而立其弟延鈞。〇注：延稟，王審知之養子，泉州節度使。
契丹德光立。〇注：德光，阿保機之中子也，在位二十一年，壽四十六歲。		

	丁亥。春正月。	二月。
後唐	後唐天成二年。唐主更名亶。唐以馮道、崔協同平章事。唐主以其子從厚爲河南尹，判六軍諸衛事。	唐主以壻石敬瑭爲六軍諸衛副使。
吳	吳乾貞初年。	
吳越		
湖南		
荊南		
福建		
漢		

	夏五月。	秋八月朔。日食。
○注：按五代史，石敬瑭本西夷臬捩雞之子，隸明宗帳下號左射軍。嘗脱明宗于危，尚永寧公主。	唐以王延鈞爲威武節度使。唐以馬殷爲楚國王。	
	馬殷，唐以爲楚國王。	
	荆南自附于吳，吳人不受。○注：楚王殷入貢。唐主賜之駿馬美女。過江陵，高季興奪之，自附于吳，徐温不受。	
	王延鈞，唐以爲威武節度使。	
		契丹與唐修好。

	冬十月。	十一月。
后唐	唐主如汴州。宣武節度使朱守殷反，唐主遣兵討之。遂遣使殺任圜。守殷自殺。唐以石敬瑭爲侍衛親軍都指揮使。	
吴	吴丞相徐温卒。	吴王楊溥稱帝。
吴越		
湖南		
荆南		
閩		
漢		

十二月。	春二月朔，戊子，日食。
孟知祥修成都城。○注：既增兵又修城，逆節著矣。唐主立親廟于應州舊宅。有年。○注：是歲蔚、代緣邊粟斗不過十錢。	後唐天成三年。
	吴乾貞二年。吴遣使如唐，不受。
孟知祥修成都城。	
	漢大有初年。

	三月。	夏四月。	秋八月。	冬十二月。	己丑。
後唐	唐以孔循爲東都留守，王建立同平章事。	唐以從榮爲北都留守。	唐以王延鈞爲閩王。		後唐天成四年。
吳		吳攻楚岳州大敗。吳遣使如楚。			吳太和初年。
吳越					
湖南	楚人擊荆南，敗之。楚人擊漢封州，大敗。				
荆南				荆南節度使高季興卒。○注：吳立其子從誨代之。	
閩			王延鈞，唐以爲閩王。		
漢					
			契丹遣使如唐。		

春三月。	夏四月。	秋七月。
唐主殺其子從璨。○注：戲登御榻，重誨奏請誅之。	唐以從榮爲河南尹，從厚爲北都留守。唐以趙鳳同平章事。	唐以高從誨爲荊南節度使。有年。
楚王殷以其子希聲知政事，總諸軍。		
		高從誨，唐以爲荊南節度使。

	冬十月。	寅庚。春二月。	三月。
後唐		後唐長興初年。唐董璋築寨劍門，與孟知祥上表拒命，詔慰諭之。	唐立淑妃曹氏爲后。唐河中軍亂，逐其
吳	吳加徐知誥兼中書令。	吳太和二年。	
吳越			
湖南			
荆南			
閩			
漢			

夏六月朔，日食。	秋八月。	九月。
節度使李從珂，討平之。	唐立子從榮爲秦王，從厚爲朱王。唐两川節度使董璋、孟知祥連兵反。	唐詔削董璋官爵，遣天雄節度使石敬瑭討之。
		漢取交州。

	十一月。	春二月。辛卯。
後唐		後唐長興二年。唐賜契丹突欲姓名李贊華，以爲懷化節度使。唐以李從珂爲左衛大將军。唐以李愚同平章事。
吴		吴太和三年。
吴越		
湖南	楚武穆王馬殷卒，子希聲嗣。	
荆南		
闽		
漢		
	契丹東丹王突欲奔唐。	

夏四月。

唐以德妃王氏爲淑妃。唐以趙廷壽爲樞密使，石敬瑭兼六軍諸衛使。唐殺其太子太師致仕安重誨。○注：重誨之罪，專耳，既致仕則可以無罰矣，而又以譖殺之，甚哉！

閩奉國節度使王延稟舉兵襲福州，敗死。

	六月。	冬十月。	十一月朔，日食。	壬辰。
後唐		唐以王延政爲建州刺史。		後唐長興三年。
吳			吳以其中書令徐知誥鎮金陵，徐景通爲司徒，輔政。	吳太和四年。
吳越				
湖南				
荆南				
闽	閩作寶皇宮。○注：譏好仙也。	王延政，唐以爲建州刺史。		
漢				

春二月。	三月。	夏四月。
唐初刻《九經》，版印賣之。唐賜高從誨爵渤海王。		董璋襲西川。五月，孟知祥擊敗之。璋爲其下所殺，知祥遂取東川。
	吴越武肅王錢鏐卒。子元瓘嗣。	
高從誨爲渤海王。		
	契丹遣使如唐。	

		秋七月。	八月。
後唐	○注：西川即漢之益州地，唐置劍南西川節度，五代王氏、孟氏相繼有其地。宋改爲成都府，今因之。東川，漢梓州，唐置東川節度使，宋升爲潼川府。		唐以李從珂爲鳳翔節度使。
吳			吳徐知誥廣金陵城。
			孟知祥補兩川節度使以下官。
吳越			
湖南		唐武安節度使馬希聲卒。八月，弟希範嗣。	
荊南			
閩			
漢			

唐詔孟知祥補兩川節度使以下官。

九月。

唐大理少卿康澄上疏論事。唐主優詔荅之。○注：論國家有不足懼者五，有深可畏者六，不足懼者願陛下存而勿論。深可畏者修而靡忒。

冬十一月。

唐以石敬瑭爲河東節度使。

	癸巳。春正月。	二月。
后唐	後唐長興四年。	唐定難節度使李仁福卒。子彝超嗣。唐以孟知祥爲蜀王。
吴	吴太和五年。	
		孟知祥，唐以爲蜀王。
吴越		
湖南		
荆南		
閩	闽王王延鈞龍啟初年。閩王王延鈞稱帝，更名璘。	
漢		

三月。	秋七月。
唐以李彝超爲彰武留後，彝超拒命。唐立子從珂爲潞王，從益爲許王。	唐以錢元瓘爲吴王。唐主加尊號。唐以秦王從榮爲天下兵馬元帥。唐以趙延壽爲宣武節度使。唐遣使如吴越。
吴徐知誥營宮城于金陵。	
	錢元瓘，唐以爲吴王。
閩地震。○注：特書閩，他國無震。未幾兵亂繼作，遂至不得其死。天之告戒果可勿哉？	閩以薛文贇爲國計使。閩王璘殺其從子繼圖。

	冬十月。	十二月。
後唐	唐主疾病。秦王從榮作亂，伏誅。唐主亶殂。	唐主從厚立。
吳		
吳越		
湖南		
荆南		
閩	閩主璘殺其樞密使吳勗。	閩主璘殺其指揮使王仁達。
漢		

按：明宗不以位爲樂，每夕焚香祝天曰：『願天早生聖人，爲生民主。』即位數年，善多可紀，開元以來未有書有年者，于是兩書。五季之君，若明宗者，亦可謂賢主矣。

	甲午。○注：是歲蜀建國，凡五國三鎮。春正月。
○注：唐主自終易月之制，即召學士讀《貞觀政要》《太宗實録》，有致治之志；然不知其要，寬柔少斷。	唐閔帝從厚應順初年。唐主從珂清泰初年。唐以高從誨爲南平王，馬希範爲楚王，錢元瓘爲吴越王。唐以潞王從珂爲河東節
	吴太和六年。吴人攻閩建州，不克。
	蜀主孟知祥明德初年。蜀王孟知祥稱帝。
	錢元瓘爲吴越王。
	馬希範爲楚王。
	高從誨爲南平王。

後唐	石敬瑭爲成德節度使。從珂舉兵鳳翔，唐遣兵討之。官軍降潰，唐潞王從珂至長安。唐主以康義誠爲招討使，將兵拒之。潞王至陝，諸將及康義誠皆降。
吳	
吳越	
湖南	
荊南	
閩	
漢	

夏四月。

唐主出奔，石敬瑭入朝，遇于衞州，殺其從騎。○注：然則非特從珂反，敬瑭亦反矣。

唐潞王從珂入洛陽，廢其主從厚爲鄂王，而自立。

唐興元、武定兩鎮來降。

後唐	○注：潞王入洛陽謁太后、太妃。詣梓宮慟哭，自陳詣闕之由。馮道等上箋勸進，從珂責其無謂。明日，太后下令廢少帝爲鄂王，以潞王知軍國事。又明日，太后果令潞王宜即帝位，乃即位于柩前。唐主從珂弑鄂王于衛州。磁州刺史朱令詢死之。○注：甚哉，亂亡之禍，至是極矣！
吴	
吴越	
湖南	
荆南	
閩	
漢	

五月。

當從珂反叛之初，勢甚微弱。然始則書官軍潰降，次則書諸將皆降，從珂得以從容入洛，凡百官、六軍之衆，奉迎不暇。既而書廢其主爲鄂王，又書弑鄂王于衛州，惟意所欲。曾無齟齬[1]，豈非亂亡之禍，至是已極故與？唐康義誠伏誅，夷其族。

唐復以石敬瑭

吴徐知誥幽其

①齟齬：意見不合，相互抵觸。

		秋七月。	冬十月。
後唐	爲河東節度使。唐以馮道爲匡國節度使。唐復以李從曮爲鳳翔節度使。	唐以盧文紀、姚顗同平章事。	
吳	主之弟臨川王濛于和州。		
蜀		蜀主知祥殂，子昶立。	蜀殺其中書令李仁罕，徙其侍中李肇于邛州。
吳越			
湖南			
荊南			
閩			
漢			

十一月。	乙未。春二月。
唐葬鄂王于徽陵城南。○注：徽陵，明宗墓也。封纔數尺，觀者悲之。○在河南府城東北。	後唐清泰二年。
吴徐知誥召其子景通還金陵，留景遷江都輔政。	吴天祚初年。
	蜀主尊其母李氏爲太后。○注：太后，太原人，本唐莊宗後宫也，以賜蜀高祖。
	閩永和初年。閩主璘立其父婢陳氏爲后。○注：陳氏本太祖侍婢金鳳也，陋而淫。閩主孌[1]之，立以爲后。
漢平章事楊洞潛卒。	

①孌：宠幸。

		三月。	夏六月。
後唐		唐以趙延壽爲樞密使。詔開言路。	契丹寇邊，唐北面總管石敬瑭將兵屯忻州。
吳		吳加徐景遷同平章事。	吳中書令柴再用卒。
蜀			
吳越			
湖南			
荊南			
閩	按：己之婢且不可立，況父婢乎？閩以蕞爾國王璘行之于前，王昶行之于後，天理既泯，俱受弑殺之禍。		
漢			
			契丹寇邊。

冬十月。	十一月。	十二月。	丙申。○注：是歲唐亡晉興凡五國三鎮。
		唐以馮道爲司空。	後唐清泰三年。晉高祖石敬瑭天福初年。
吳加徐知誥大元帥，封齊王，備殊禮。			吳天祚二年。
閩李倣弒其主璘，而立福王繼鵬，更名昶。○注：昶即位，立父婢李春燕爲賢妃。	閩李倣伏誅。	閩以陳守元爲天師。	閩主昶通文初年。

	春正月。	夏四月。	五月。	秋七月。
後唐			唐以石敬瑭爲天平節度使。敬瑭拒命，唐發兵討之。	唐殺石敬瑭
吳				
蜀				
吳越				
湖南		楚王希範以其弟希杲知朗州。		
荊南				
閩	閩主昶立其父婢李氏爲后。○注：璘立父婢爲后，昶立父婢爲后，家教然矣。			
漢				

	九月。	冬十月。
子弟四人，石敬瑭遣使求救于契丹。	契丹德光將兵救石敬瑭，唐兵大敗。契丹圍之，唐主自將次懷州。	唐括民馬籍義軍以拒契丹。○注：詔大括天下將吏及民間馬，又發民爲兵，
	契丹將兵救石敬瑭。	

		十一月。
後唐	每七户出征夫一人，自備鎧仗，謂之義軍，實無益于用而民間大擾。	契丹立石敬瑭爲晉皇帝，敬瑭割幽薊等十六州以賂之。○注：契丹主謂石敬瑭曰：『吾三千里來赴難，必有成功。觀汝器貌識量，真中原之主也。吾欲立汝爲天子。』
吴		
蜀		
吴越		
湖南		
荊南		
閩		
漢		
		契丹立石敬瑭爲晉皇帝。

命敬瑭爲大晉皇帝。自解衣冠授之，築壇即位，改長興七年爲天福元年。以桑維翰爲翰林學士，劉知遠爲侍衛馬軍都指揮使，立晉國長公主爲皇后。契丹以晉主南下，破唐兵于團柏。唐主還河陽。晉主發潞州。契丹北還。

		十一月。
晉	唐主還洛陽。晉主至河陽，節度使萇從簡迎降。唐主從珂自焚死。晉主入洛陽。	晉追廢唐主從珂爲庶人。以馮道同平章事。
吳		
蜀		
吳越		
湖南		
荊南		
閩		
漢		

丁酉。○注：是歲吳亡，晉、蜀漢、閩、南唐、代吳凡五國，吳越、湖南、荆南凡三鎮。

春正月，日食。	三月。	夏四月。
晉天福二年。晉以李崧同平章事，充樞密使。桑維翰兼樞密使。	晉葬故唐主于徽陵南。	晉遷都汴州。
南唐烈祖徐誥昇元初年。吳徐知誥建齊國于金陵。		吳徐知誥更名誥。
	吳越王元瓘殺其弟元珦、元球。	

	五月。	六月。
晋		晋以和凝爲端明殿學士。
南唐	吴與契丹通史修好。	
蜀		
吴越		
湖南		
荆南		
閩		閩作白龍寺。
漢		
大理	段思平改元文德。○注：十二傳至連義，宋神宗熙寧八年也，爲楊義真所弑。絶祀者四年，段氏臣高昇泰起兵，討滅楊氏而立段壽輝，傳子正明，立十七年，避高氏爲僧。高氏于宋哲宗元符二年自立，國號大中，改元上治，未幾	

秋七月。	戊戌。春正月，日食。二月。

		晉天福三年。	晉求直言。
	吳徐誥殺其主之弟歷陽公濛。吳徐誥稱帝，國號唐，奉吳主爲讓皇。	南唐昇元二年。	
		蜀廣政初年。	
死，屬其子太明求段氏後，而立正淳，高氏世相之，是爲後理國。	契丹改號遼。		

	夏五月。	秋七月。	八月。	冬十月。
晋	晋制民墾田，三年外乃聽徭役。	晋作受命寶。	晋上尊號于契丹。	契丹加晋主尊號。晋以汴州爲東京、開封府，東都爲西京。晋樞密使桑維翰罷。
南唐	南唐主詔遷故吴主于潤州。			
蜀				
吴越				
湖南				楚王夫人彭氏卒。
荆南				
閩				
漢				交州亂，漢主龔遣其子宏操將兵攻之，敗死。
			晋上尊號于契丹。契丹遣使如唐。	

十一月。	己亥。○注：是歲，南唐復姓李氏。春正月。	三月。
晉建鄴都，置彰德、永清軍。徙澶州城。	晉天福四年。	晉加劉知遠、杜重威同平章事。
故吴主楊溥卒。○注：南唐主追謚曰睿皇帝。	南唐主徐誥復姓李氏，更名昪。	
晉册閩主昶爲閩國王，不受。	閩主曦永隆初年。	

	夏四月。	秋七月朔，日食。	八月。
晋		晋以桑維翰爲彰德節度使。	晋以馮道守司徒兼侍中。晋以唐許王從益爲郇國公。
南唐	南唐主遷故吴主楊氏之族于泰州。〇注：遷讓皇之族于泰州，號永寧宫，防衛甚嚴。		
蜀			
吴越			吴越王元瓘爲天下兵馬元帥。〇注：晋以之也。
湖南	晋加楚王希範天策上將軍。		
荆南			
閩	閩主昶殺其叔父延武、延望。	閩主曦弑其主昶而自立，稱藩于晋。	
漢			

冬十月。	十二月。	庚子。
	晉禁造佛寺。	晉天福五年。
吴越王夫人馬氏卒。○注：初，武肅王鏐禁畜聲妓。元瓘年三十餘無子，夫人爲之請于鏐，鏐喜，乃聽元瓘納妾，生宏倧、宏俶等。		
	漢平章事趙光裔卒。○注：光裔相漢二十餘年，府庫充實，邊境無虞。及卒，漢復以其子損同平章事。	

	春二月。	冬十月。
晋	晋北都留守安彦威入朝。	晋加吴越王元瓘尚書令。晋以閩主曦爲閩國王。
南唐		南唐主如江都。
蜀		
吴越		吴越王元瓘，晋加尚書令。
湖南	楚平群蠻，立銅柱于溪州。	
荆南		
閩	閩主曦遣兵擊其弟延政于建州，敗績。吴越遣兵救建州。夏五月，延政擊却之。	閩主曦，晋以爲閩國王。
漢		

辛丑。春正月。	夏四月。	六月。	秋七月。
晉天福六年。吐谷渾降晉，不受。		晉成德節度使安重榮執契丹使者，上表請伐契丹。	晉以劉知遠爲北京留守。
	南唐遣使如晉。		
			吳越府署火。
閩以王延政爲富沙王。		閩主曦殺其兄子繼業。	閩主曦自稱大閩皇。
吐谷渾降晉，不受。			

	八月。	冬十月。	十一月。	十二月。
晉	晉主如鄴都。	晉劉知遠招納吐谷渾白承福等，徙之內地。	晉山南東道節度使安從進舉兵反。	晉安重榮反，晉遣杜重威擊敗之。
南唐				
蜀				
吳越	吳越文穆王元瓘卒，子宏佐嗣。			
湖南				
荊南				
閩		閩主曦稱帝。		
漢				漢主龔更名龑。龑疾，

	壬寅。春正月。	夏四月。	五月。	六月。
	晉天福七年。六月，晉主重貴立。晉師入鎮州，安重榮伏誅。			晉主敬瑭殂，兄子齊王重貴立。
	南唐以宋齊邱知尚書省。		南唐以宋齊邱爲鎮南節度使。	
有胡僧謂名不利，乃造龑字改之。	漢主玢光天初年。	漢主龑殂，子玢立。		

	秋七月。	八月。
晋		晉討襄州，拔之。安從進伏誅。
南唐		
蜀		
吴越		
湖南		
荆南		
閩	閩富沙王延政攻汀州，不克。歸，敗福州兵于尤口。	閩王曦殺其從子繼柔。閩以余廷英同平章事。
漢	漢循州盗張遇賢起，討之不克。○注：遇賢，博羅縣吏。時循州盗起，奉遇賢爲主。漢主遣越王宏昌、循王宏杲討之，不克。東方州縣多爲遇賢所陷。	

冬十月。	十二月。	癸卯。○注：是歲并殷，凡六國三鎮。春二月。
		晉主重貴仍稱天福八年。晉主還東京。晉以桑維翰爲侍中。
		南唐元宗璟保大初年。南唐主昪殂。南唐主璟立。
楚王希範作天策府。		
	閩以李仁遇同平章事。	殷主王延政天德初年。閩富沙王延政稱帝于建州，國號殷。
		南漢主晟乾和初年。漢晉王宏熙弑其主玢而自立，更名晟。

	夏四月朔，日食。	五月。	秋七月。	九月。
晉			晉遣使括民穀。	晉主尊其母安氏爲太妃。
南唐			南唐主立其弟景遂爲齊王，景達爲燕王。	
蜀				
吴越				
湖南				
荆南				
閩	閩王曦立尚氏爲賢妃。	閩王曦殺其校書郎陳光逸。〇注：光逸陳曦大惡五十事，曦怒殺之。		
殷				
漢		漢王晟殺其弟宏杲。		

冬十月。

晉主立其叔母馮氏爲后。○注：初，高祖愛少弟重胤，養以爲子，娶馮濛女爲其婦。重胤早卒，馮夫人寡居，有美色。晉主初立，納之。三綱既絶，能無夷狄之禍乎？

十二月。

晉楊光遠誘契丹入寇。晉旱、水、蝗，民大饑。

南唐以宋齊邱爲青陽公，遣歸九華。

楚作九龍殿。

	甲辰。○注：是歲，凡六國三鎮，閩亡。	春正月。	二月。
晉	晉開運初年。	契丹陷貝州，權知州事吳巒敗死，晉遣兵御之。晉主自將次澶州，遣劉知遠、杜威、張彥澤將兵禦契丹。	契丹渡河，晉主自將及遣
南唐		南唐主敕齊王景遂參決庶政，既而罷之。	
蜀			
吳越			
湖南			
荊南			
閩 殷			
漢			
		契丹陷晉貝州。	

三月。

李守貞等分道擊之，契丹敗走。晉定難節度使李彝殷侵契丹以救齊。晉詔劉知遠擊契丹，知遠屯樂平不進。

契丹寇晉澶州不克，引還。晉籍鄉兵。

閩指揮使朱文進弒其主曦而自立。

漢王晟殺其弟越王宏昌。

契丹寇晉澶州不克，引還。

	夏四月。
晋	晋主還大梁，以景延廣爲西京留守。晋遣使分道括率民財。晋太尉侍中馮道罷，以桑維翰爲中書令兼樞密使。
南唐	
蜀	
吴越	
湖南	
荆南	
閩 殷	
漢	

秋八月。

九月朔，日食。

冬十二月。

晉以劉知。遠爲行營都統，杜威爲招討使，督十三節度以備契丹。晉置鎮寧軍于澶州。	晉師圍青州，楊光遠之子承勳劫其父以降。
	南唐遣兵攻殷。
朱文進稱。藩于晉。晉以爲閩國王。	殷遣兵討朱文進。南唐遣兵攻殷。

	閏月。	乙巳。○注：是歲，凡五國三鎮。殷改稱閩而亡。春正月。	二月。
晉	晉李守貞殺楊光遠。	晉開運二年。契丹至相州引還，晉主自將追之。	晉主至澶州，諸將引軍北上。契丹陷晉祁州，刺史沈斌死之。
南唐			
蜀			
吳越			
湖南			
荊南			
閩 殷	閩人討朱文進，誅之。傳首建州。	殷改國號曰閩。	閩人及南唐人戰，閩人敗績。
漢			
	契丹復寇晉。		

三月。	晉復以鄴都爲天雄軍。								閩李仁達作亂，以僧卓嚴明稱帝。閩主延政遣兵討之。		契丹還軍南下。晉符彥卿等擊之。契丹敗走。
夏四月。	晉主還大梁。								閩兵攻福州，不克。		
五月。	晉順國節度使杜威入朝。								閩李仁達殺卓嚴明，稱藩于唐。		
六月。	晉以杜威爲天雄節度使。晉遣使如契丹。										

	秋七月。	八月朔，日食。	冬十月。	十一月。
晋		晉加馮玉同平章事。		晉桑維翰罷。
南唐	南唐兵拔鐔州。	南唐兵拔建州，閩王延政出降，汀、泉、漳州皆降。	南唐以王延政爲羽林大將軍。	
蜀				
吳越				吳越殺其臣杜昭達、闞璠。
湖南	楚王希範殺其弟希杲。			
荊南				
閩		南唐拔建州，閩主王延政出降。		
漢		漢主殺其僕射王翷。〇注：以翷嘗與高祖謀立宏昌，賜死。		

丙午。春正月。二月朔，日食。	夏四月。	六月。
晉開運三年。		契丹寇定州，晉遣兵禦之。
南唐以宋齊邱爲太傅。以李建勳、馮延巳同平章事。	南唐泉州牙將留從效逐其刺史王繼勳，而代之。	南唐遣陳覺使福州。
		契丹寇晉定州。

	秋八月。	冬十月。	十一月。
晋	晋劉知遠殺白承福，夷其族。晋以楚王希範爲諸道兵馬元帥。	晋遣杜威將兵伐契丹。	契丹大舉入寇。十二月，晋將王清戰死。杜威等以兵降契丹，
南唐			
蜀	南唐攻福州，克其外郭。		
吴越			
湖南		吴越遣兵救福州。	
荆南	楚王希範，晋以爲諸道兵馬元帥。		
閩			
漢			
			契丹大舉寇晋，入大梁，執晋主重貴以歸。

遣兵入大梁，執晉王重貴以歸。殺桑維翰，囚景延廣。○注：唐高祖借突厥之兵，肅宗資回紇之助，皆不旋踵而罹其患，况石晉得國于契丹者乎？傳祚未幾，即爲所滅，葢受禍之淺深，視其得力之輕重。始是。終是，毫釐不差矣。

丁未。

○注：是歲，晉亡漢興，并蜀、南漢、南唐凡四國，吴越、湖南、荆南凡三镇。

春正月。

漢	漢高祖劉知遠稱晉天福二十年。契丹德光入大梁，殺張彦澤，景延廣自殺。契丹封晉主重貴爲負義侯，徙之黄龍府。	
南唐		
蜀		
吴越		
湖南		
荆南		
南漢		
	契丹徙晉主重貴于黄龍府。	

○注：契丹地。契丹以李崧爲樞密使，馮道爲太傅。晉諸藩鎮皆降。故晉主重貴發大梁。○注：晉主與太后、安太妃、馮后及弟子延煦、延寶俱北遷。契丹縱兵大掠，遣使括借士民錢帛。

		二月。
漢	晉劉知遠遣使奉表于契丹。○注：遣王峻奉表稱臣，契丹王賜詔褒美，親加兒字于知遠姓名之上。	契丹行朝賀禮，大赦。以趙延壽爲中京留守。○注：下制稱大遼會同十年。時契丹以恆州爲中京。
南唐	南唐主立其弟景遂爲太弟。南唐遣使如契丹。	
蜀		
吴越		
湖南		
荆南	荆南節度使高從誨遣使入貢于契丹。又遣使詣河東勸進。	
南漢		
		契丹行朝賀大赦。以趙延壽爲中京留守。

晉劉知遠稱帝于晉陽。晉主知遠自將迎故晉主重貴，至壽陽而還。晉遣賊帥梁暉襲取相州，殺契丹守兵。晉主知遠還晉陽。陝、晉、潞州皆殺契丹使者，奉表詣晉陽。契丹以李從益爲許王。

漢	○注：唐王淑妃與郇公從益居洛陽。趙延壽娶明宗女。淑妃詣大梁會禮，契丹主見而拜之曰：『吾嫂也。』以從益爲許王，復歸于洛。契丹以張礪、和凝同平章事。
南唐	
蜀	
吴越	
湖南	
荆南	
南漢	

三月朔。

契丹 行入閣禮。晉主知遠遣使安集農民，保山谷，避契丹者。契丹以蕭翰爲節度使。○注：翰，述律太后之兄子。其妹復爲契丹主后，始以蕭爲姓。自是，契丹后族皆稱蕭氏。宣武，汴州也。

吴越 復遣兵救福州，敗南唐兵，遂取福州。

契丹 行入閣禮。

		夏四月。
漢	契丹德光發大梁。晉主知遠以其弟崇爲太原尹。	晉以蘇逢吉、蘇禹珪同平章事。契丹耶律德光死于殺胡林。○注：殺胡林在真定府欒城縣北。
南唐		
蜀		
吳越		
湖南		
荊南		
南漢		
	契丹德光發大梁。	契丹耶律德光死，兄子兀欲自立。○注：在位五年，壽三十四。○德光死于殺胡林。趙延壽即日引兵至恆州。契丹永康王兀欲，東丹王之子也，以兵繼入契丹，諸將密議奉以爲主。

延壽不知，自稱受契丹皇帝遺詔，權知南朝軍國事。兀欲銜之。兀欲召延壽及張礪等飲酒。延壽謂礪等曰：『先帝在汴時，遺我一籌，許我知南朝軍國事。近者臨崩，而燕王擅自知之，豈理邪？』後集蕃漢之兵臣于府署，宣契丹主遺制，即皇帝位，改元天禄。

	五月。
漢	晉主知遠發太原，出晉降。契丹將蕭翰劫李從益，稱帝于大梁，遂北走，從益避位。〇注：翰聞劉知遠擁兵而南，欲北歸，恐中國無主，必大亂。時唐許王從益與唐王淑妃在洛陽。翰矯契丹主命，立從益以爲帝，帥西長百官拜之。留燕兵千人爲從益衛而行。
南唐	
蜀	
吳越	
湖南	楚文昭王希范卒。弟希廣嗣。
荊南	
南漢	
	契丹兀欲勒兵出塞。

	六月。	秋七月。
淑妃懼，召大臣謀之。乃用趙遠、翟光鄴策，稱梁王，知軍國事。遣使奉表稱臣迎知遠，仍出居私第。	晉主知遠入洛陽，遣使殺李從益。晉王知遠入大梁，諸鎮多降。始改國號曰漢。	漢以杜重威爲
	南唐以李金全爲北面招討使。	
	吴越忠獻王宏佐卒，弟宏倧嗣。	
		楚王希廣以其
		荊南襲漢襄、郢，不克。
		南漢主晟殺其弟八人。
	契丹兀欲幽其祖母于木葉山。○注：述律太后聞契丹主自立，大怒，發兵拒之，兵敗。契丹主幽太后于阿保機墓側。改元天禄，自稱天授皇帝。	

		冬十一月。	十二月。
漢	歸德節度使，重威拒命。漢發兵討之。漢立高祖世祖及四親廟。漢以竇貞固李濤同平章事。	杜重威出降。	漢主之子、開封尹承訓卒。
南唐			
蜀			蜀人侵漢。
吳越			吳越統軍使胡進思廢其君宏倧，
湖南	兄希萼守朗州。○注：常德府武陵縣。		
荊南			
			吳越戍將殺李仁達，夷其族。
南漢			

	戊申。○注：是歲，凡四国三鎮。春正月。
漢主還大梁。	漢乾祐初年。二月，隱帝承祐立。漢遣將軍王景崇等經略關中。漢主更名暠。漢以馮道爲太師。漢主暠殂，杜重威伏誅。周王承祐立。
而立共弟宏俶。	吴越遷其王宏倧于衣錦軍。

漢

○注：帝召蘇逢吉、楊邠、史宏肇、郭威入受顧命，曰：『承祐幼弱，後事托在卿輩。』又曰：『善防重威父子。』是日殂。逢吉等秘不發喪。下詔稱：『崇威父子因朕小疾謗議摇衆，皆斬之。』磔①屍于市。人爭啖其肉。二月，立皇子承祐爲周王。有頃，發喪。周王即位，時年十八。漢以王景崇爲鳳翔巡檢使。

南唐

蜀

吴越

湖南

荆南

南漢

①磔：古代一種酷刑，把肢體分裂。

二月。	夏四月。
漢徵鳳翔兵詣闕。行至長安，軍校趙思綰據城作亂。漢護國節度使李守貞反。	漢以楊邠同平章事，郭威爲樞密使。漢遣郭從義討趙思綰，白文珂、王峻討李守貞。
	契丹兀欲如遼陽。

	六月朔，日食。	秋七月。	八月。
	漢王景崇叛降于蜀。		漢河東節度使劉崇表募兵備契丹。漢以郭威爲西面招慰安撫使。漢郭威督諸將，圍李守貞于河中。
南唐			
蜀		蜀以王昭遠知樞密院事。	蜀以趙延隱爲太傅。
吳越			
湖南			
荆南			
南漢			

冬十月。	十一月。
漢趙暉圍王景崇于鳳翔。	漢殺其太子太傅李崧，滅其家。蜀兵救鳳翔，敗漢兵。
	南唐遣兵救李守貞，次于海州。
蜀遣兵救王景崇，不克。	
荊南節度使高從誨卒，以其子保融知留後。	
	南漢遣兵擊楚，取賀、昭州。

		己酉。春二月。夏四月，太白晝見。六月朔，日食。
漢	漢郭威引兵赴之，蜀兵引還。	漢隱帝仍稱乾祐二年。契丹遷故晉主重貴于建州。
南唐		
蜀		
吳越		
湖南		
荊南		
南漢		
		契丹遷故晉主重貴于建州。

秋七月。	漢郭從義誘趙思綰，殺之。漢郭威克河中，李守貞自殺。										
八月。九月。	漢郭威以白文珂爲西京留守。漢加郭威侍中，威請加恩將相、藩鎮，從之。						楚馬希萼攻潭州，不克。○注：潭州，今長沙府，楚王希廣所治也。				
冬十月。	契丹寇河北，漢遣郭威督諸將禦之。						楚静江節度使馬希瞻卒。				契丹寇漢河北。

	十二月。	庚戌。○注：是歲，凡四國三鎮，漢亡。夏四月。
漢	漢趙暉攻鳳翔，王景崇自殺。	漢乾祐三年。漢以郭威爲鄴都留守，樞密使如故。漢以郭榮爲貴州刺史。
南唐	南唐以留從效爲清源節度使。○注：清源軍，今福建泉州府。	
蜀		
吳越		
湖南		
荊南		
南漢		

	五月。	閏月。	秋七月。	八月。
○注：榮本姓柴，父守禮，郭威之妻兄也。威未有子，時養以爲子。	郭威赴鄴。	漢大風。○注：宮中數有怪。大風，發屋拔木，吹擲門扉一，十餘步而落。		故晉太后李氏卒于契丹。
			馬希萼以群蠻攻潭州。	

	九月。	冬十月。	十一月朔，日食。
漢			漢主承祐殺其樞密使楊邠、侍衛指揮使史宏肇、三司使王章。遣使殺郭威，不克。威舉兵反，
南唐	馬希萼來乞師，南唐主遣兵助之。		
蜀			
吴越			
湖南	馬希萼遣使乞師于南唐，南唐遣兵助之。	楚王希廣攻朗州。馬希萼還戰，楚兵大敗。	馬希萼將兵攻潭州、朗州。兵至潭州，楚王希廣遣兵拒之。馬希萼陷潭州，殺楚王希廣而自立。
荆南			
南漢			南漢以宫人爲女侍中。

遂殺其主承祐。○注：史宏肇、楊邠，武夫也，輕書生。王章，刀筆吏也，亦輕文臣。然漢自即位以來，楊邠總機政史，宏肇典宿衛，王章掌財賦。其時國家粗安尚賴三人之力。既而，聽李業等讒言，悉誅之，又欲殺郭威，威擁兵入朝，漢主禦之，兵敗，爲亂軍所弒。

漢	漢迎武寧節度使劉贇于徐州。○注：贇，高祖弟崇之子也。高祖愛之，于是郭威與王峻等議立之，遣太師馮道等，詣徐州奉迎。漢太后臨朝。郭威帥群臣請之也。漢以王峻爲樞密使，王殷爲侍衛都指揮使。
南唐	
蜀	
吳越	
湖南	
荊南	
南漢	

漢以范質爲樞密副使。漢劉贇發徐州。郭威至澶州，自立而還，王峻、王殷遣兵拒。劉贇以太后誥，廢爲湘陰公。令郭威監國。○注：王峻、王殷，威之黨也。

辛亥。○注：是歲，周代漢，北漢建國，凡五國三鎮。春正月。

周	周太祖郭威廣順初年。郭威稱皇帝，國號周。○注：周主邢州人，以軍卒爲漢侍中，出禦契丹，將士大譟，或裂黃旗被其體，乃即位。漢太后遷居西宮。○注：號昭聖太后。
北漢	北漢主劉崇乾祐四年。
南唐	
蜀	
吳越	
湖南	
荊南	
南漢	

漢河東節度使劉崇表請湘陰公歸晉陽。○注：初，崇聞隱帝遇害，欲起兵南向，聞迎立湘陰公，乃止。及贇廢崇，乃遣使請歸晉陽。漢湘陰公故將鞏廷美等舉兵徐州。周以王殷爲鄴都留守。周王爲故漢主承祐舉哀成服。周主威弑漢湘陰公贇于宋州。

		二月。
周	漢劉崇稱帝于晉陽。周罷四方貢獻珍食。詔百官上封事。	周主以其養子榮爲鎮寧節度使。周主毀漢宮寶器。
北漢	劉崇稱帝于晉陽。○注：是爲北漢，仍用乾祐年號。所有者并、汾、忻、代、嵐、憲、隆、蔚、沁、遼、麟、石十二州之地。北漢主遣其子承鈞伐周，不克。	北漢遣使如契丹，乞師。
南唐		
蜀		
吳越		吳越王弘俶，周加諸道兵馬元帥。
湖南		楚遣使入貢于南唐。楚將王逵、周行逢作亂，入于朗州。
荊南		
南漢		

	夏四月。
周克徐州，鞏廷美死之。周加吳越王宏俶諸道兵馬元帥	周遣將軍姚漢英如契丹，契丹留之。周以王峻、范質、李穀同平章事。
	北漢遣使如契丹。○注：使鄭珙以厚賂謝契丹，致書稱侄，請行册禮。契丹遣使如漢，命其主崇更名旻。
	蜀以伊審徵知樞密院事。○注：審徵，蜀高祖之甥也，與蜀主相親狎。及知樞密，貪侈回邪，與王昭遠相表事而蜀政浸衰矣。
	吳越奉其廢王弘倧居東府。
	楚將徐威等伏誅。廢其君希萼，立希崇爲武安留後。楚人復立希萼居衡山。
	契丹遣使如北漢，册命其主崇更名旻。契丹燕王述軋弑其主兀欲而自立，述律討殺述軋而代之。

	冬十月。	
周		
北漢	契丹、北漢會兵伐周，攻晉州。	
南唐	南唐遣邊鎬將兵擊楚，馬希崇降。南唐以邊鎬爲武安節度使，遷馬氏之族于金陵。	
蜀		
吳越		
湖南	馬希崇降南唐。	
荊南		
南漢		
		○注：述律爲帝，改元應歷。北漢復以叔父事之，在位十九年，壽三十九。

十一月。	十二月。	壬子。○注：是歲周北漢、南唐、蜀、南漢凡五國，吳越、湖南、荆南凡三鎮。春正月。
周遣王峻救晉州。	周王峻至晉州，契丹、北漢兵夜遁。	周廣順二年。周修大梁城。
	南唐以馬希萼鎮洪州，希崇鎮舒州。	
	馬希萼鎮洪州，馬希崇鎮舒州。○注：南唐以之也。	唐湖南將孫朗、曹進作亂，不克，奔朗州。
南漢取桂州，盡有嶺南地。		

	二月。	三月。
周	周釋南唐俘，遣還。	
北漢		
南唐	南唐設科舉，既而罷之。○注：唐主好文學，故韓熙載、馮延巳、延魯、江文蔚、潘佑、徐鉉之徒皆至美官。然未嘗設科舉，皆因上書言事拜官，至是始命文蔚知貢舉。執政。皆不由科第，相與沮毀，竟罷之。	南唐以馮延巳、孫晟同平章事。
蜀		
吳越		
湖南		
荊南		
南漢		

夏四月朔，日食。	六月朔。	秋七月。
	周主如曲阜謁孔子祠，拜其墓。	周樞密使王峻辭位，不許。周天平節度使高行周卒。
南唐遣兵攻桂州，南漢擊敗之。南唐司徒李建勳卒。		
	蜀大水，壞其太廟。○注：滅亡之證也。	

	冬十月。	癸丑。
周	周平章事李穀辭位，不許。	周廣順三年。
北漢		
南唐	南唐馮延已、孫晟罷，削邊鎬官爵，流饒州。	
蜀		
吴越		
湖南	楚武平留後劉言遣兵攻潭州。南唐節度使邊鎬棄城走，言遂取湖南。○注：自是劉言盡復馬氏故地，惟郴、連入南漢。劉言奉表于周。○注：乞移使府治朗州，且請貢獻、賣茶悉如馬氏故事，許之。	
荆南		
南漢		
	契丹大水。	

春正月。	三月。
周以劉言爲武平節度使。周鎮寧節度使郭榮入朝。周以王峻兼平盧節度使。周貶王峻爲商州司馬。	周主以郭榮爲開封尹，封晉王。
	南唐復以馮延巳同平章事。
劉言，周以爲武平節度使。	
契丹寇周，周將楊宏裕擊走之。	

	夏六月。	秋八月。
周	九經板成。	周築郊社壇，作太廟于大梁。周鄴都留守王殷入朝，周王殺之。周主朝享太廟，疾作而退。
北漢		
南唐		南唐復置科舉。○注：從徐鉉之請也。南唐流徐鉉于舒州，貶徐鍇爲校書郎分司。
蜀		
吳越		
湖南	王逵襲破朗州，執劉言殺之。	王逵還潭州，以周行逢知朗州事。
荊南		
南漢		

甲寅。春正月朔。

周顯德初年。正月世祖睿武孝文皇帝榮立。周主祀圜丘。周以晉王榮判內外兵馬事。周主疾篤①，召晉王榮聽政。周以王溥同平章事。周主威殂，晉王榮立。注：是爲世宗。

北漢乾祐七年。孝和帝鈞立。

①篤：病沉重。

	二月。	三月。
周	北漢主以契丹兵來擊，昭義節度使李筠逆戰，敗績。	周主自將與北漢戰于高平，北漢兵敗績。周將樊愛能、何徽等伏誅。
北漢	北漢主以契丹兵擊周，周昭義節度使李筠逆戰，敗績。	
南唐		
蜀		
吴越		
湖南		
荆南		
南漢		

御批自後晉至周，皆以篡得國，馮道歷臣其比肩事主之人，其俯仰媿①怍不識，當何若矣？乃猶著長

周遣行營部署符彦卿督諸將，攻北漢至晉陽盂縣。汾、遼州降周。太師、中書令瀛王馮道卒。周立符氏爲后。○注：符氏，彦卿之女也，適李守貞之子崇訓爲妻。及崇訓敗，太祖爲世宗娶之，至是立爲皇后。婦而不女，書以譏之也。

樂老以自述，其榮遇當時反以德量稱之。四維不張于茲爲甚，無惑乎其亂亡接踵也。

	夏五月。	秋七月。	冬十月。	乙卯。
周	周主攻晉陽不克，引軍還。	周加吳越王宏俶天下兵馬都元帥。		周顯德二年。
北漢			北漢主旻殂，子鈞立。	
南唐				
蜀				
吳越		吳越王宏俶，周加天下兵馬都元帥。		
湖南	王逵徙治朗州，以周行逢知潭州事。		湖南大饑。	
荊南				
南漢				

春正月。	二月朔，日食。	三月。	夏四月。
周浚胡盧河，城李晏口，以張藏英爲沿邊巡檢使。	周詔群臣，極言得失。		周廣大梁城。
	南唐以嚴续同平章事。		
		蜀以趙季札爲雄武監軍使。	

	周	北漢		南唐	蜀	吳越	湖南	荆南		南漢	
	周以王朴爲諫議大夫，知開封府事。○注：時范質、王溥寶，儼實儀，皆名臣王朴尤有志略。										
五月。	周遣鳳翔節度使王景伐蜀。				周拔黄牛寨，趙季札遁歸，伏誅。						
六月。	周主親録囚于内苑。				蜀遣使如唐及北漢。					南漢主殺其弟宏政。	
秋七月。	周以王景爲西南招討使，向訓爲都監。										

九月。	冬十一月。	丙寅。
周王景敗蜀師，取秦、階、成州。	周遣李穀督諸軍伐南唐。周疏汴水。周王景克蜀鳳州，擒其節度使王環，都監趙崇溥死之。	周顯德三年。
	南唐遣兵拒周師于壽州，周師擊敗之。	
周王景取秦、階、成州。	周王景克鳳州，擒節度使王環，都監趙崇溥死之。	
	吳越遣使入貢于周。	

	春正月。
周	周以王環爲驍衛大將軍。周主自將伐南唐，大敗南唐兵，斬其將劉彥貞。周以李重進爲都招討使，李穀判壽州行府事。周主攻南唐壽州。詔王陸攻南唐鄂州。
北漢	
南唐	周主自將來伐，斬劉彥貞。
蜀	
吳越	
湖南	
荊南	
南漢	

二月。

	周主 命宿衛將趙匡胤將兵襲南唐滁州，克之，擒其將皇甫暉、姚鳳。○注：帝王之興其制爲氣象，自與常人不同。是時周世宗舉兵南下，趙匡胤實任先鋒之寄。滁州之戰，唐將皇甫暉之乞容成列而戰，匡胤笑而許之，
	南唐 主請和于周，周主不答。南唐主遣鐘謨、李德明奉表于周。南唐滅故吳主楊氏之族。
	吳越 遣兵襲南唐常州。
周詔王逵攻南唐鄂州。	岳州 團練使潘叔嗣殺王逵，迎周行逢入朗州。行逢討叔嗣，斬之。

周

其度量已異乎常人遠矣。至其父時，爲馬軍副都指揮使，引兵夜至，傳呼城門，匡胤以王事不敢開。竇儀籍滁州帑藏，匡胤遣親吏取藏中絹，儀以官物不應命，匡胤由是重儀。趙普全活疑獄，而匡胤益奇趙普。凡此皆帝王大度之事，非惟同時將帥無之，雖當代之君亦豈能有此

北漢

南唐

蜀

吳越

湖南

荊南

南漢

	三月。
宜乎？興建大業高出千古，殊非近代所能企及者矣。周取南唐揚州、泰州。	周取南唐光、舒、蘄州。周遣李德明還南唐，南唐主殺之。
	南唐遣司空孫晟奉表于周。南唐遣將軍柴克宏將兵救常州，敗吴越兵，遂引兵救壽州，未至卒。南唐主以其弟齊王景達爲元帥，將兵拒周師。
	南漢以宦者龔澄樞知承宣院。

	夏四月。	五月。	六月。
周	周主如濠州。周主如渦口。	周主還大梁，留李重進圍壽州。	
北漢			
南唐			南唐遣員外郎朱元將兵，復江北諸州。
蜀			
吴越			
湖南			
荊南			
南漢			

秋七月。	九月。	冬十月。
周以周行逢爲武平節度使。	周以王朴爲樞密副使。	周山南東道節度使安審琦入朝，除太師，遣還鎮。
南唐朱元等取舒、和、蘄州。周揚州、滁州守將，皆棄城，并兵攻壽州。		
周行逢，周以爲武平節度使。		

		十一月。
周	周以趙匡胤爲定國節度使兼殿前都指揮使。○注：匡胤表趙普爲節度推官。	周殺南唐使者司空孫晟。周召華山隱士陳摶詣闕，尋遣還山。周城下蔡。
北漢		
南唐		
蜀		
吳越		
湖南		
荊南		
南漢		

春正月。丁巳。	二月。	三月。
周顯德四年。	周更造祭器、祭玉。○注：命國子監博士聶崇義討論制度，爲之圖。	周主復如壽州，大破南唐兵，南唐元帥景達奔還。
北漢天會初年。		
南唐遣兵救壽州，周師擊破之。		周大破南唐兵，元帥景達奔還南唐。壽州監軍周庭構以城降周，

周	南唐壽州監軍周庭構以城降周，南唐節度使劉仁贍死之。周以壽州爲忠正軍，徙治下蔡。周主之父光禄卿致仕，柴守禮犯法，周主不問。○注：守禮及當時將相王溥、王晏、韓令坤之父游處，恃勢恣横，洛人畏之，謂之十阿父。
北漢	
南唐	節度使劉仁贍死之。
蜀	
吴越	
湖南	
荆南	
南漢	

夏四月。

秋七月。

世宗既爲太祖嗣，人無敢言守禮子者，但以元舅處之，優其俸給，未嘗至大梁。嘗以小忿殺人，有司不敢詰，世宗知而不問。周開壽州倉賑飢民。

周主還大梁。

北漢初立七廟。

	八月。	九月。	冬十月。	十一月。
周	周平章事李穀罷，以王朴爲樞密使。	周以竇儼爲中書舍人。	周設賢良、經學、吏理等科。	周主自將伐南唐，攻濠、泗州。
北漢			北漢麟州降周，周以其刺史楊重訓爲防禦使。	北漢、契丹會兵寇周潞州，不克而還。
南唐				
蜀	蜀主致書于周，周主不荅。			
吴越				
湖南				
荊南				
南漢				

十二月。	戊午。
南唐泗州降周。周主遣擊南唐，兵至楚州，大破之。南唐濠州降周。周主進兵攻楚州，遣兵取揚、泰州。	周顯德五年。
南唐濠、泗州皆降周。	南唐中興初年。
南漢遣使入貢于周，不至。	南漢主鋹大寶初年。

	周	北漢		南唐	蜀	吴越	湖南	荆南		南漢	
春正月。								高保融以水軍會周師伐南唐。			
二月。	周主至揚州。	北漢攻周隰州，不克。									
三月。	周主臨江，遣水軍擊南唐兵，破之。南唐主遣使盡獻江北地。周主罷兵引還。周汴渠成。			南唐以太弟景遂爲晉王，燕王宏冀爲太子。南唐主遣使盡獻江北之地于周。							
夏四月。	周新作太廟成。										

五月朔，日食。	秋八月。	冬十一月。	己未。
周主遣使如南唐，餽之鹽，還其俘。	周遣閤門使曹彬如吳越。○注：以兵器賜吳越也。	周命竇儼撰《通禮》《正樂》。	周顯德六年。六月帝宗訓立。
南唐主更名景，去帝號，奉周正朔。	南唐太子宏冀殺其叔父晉王景遂。	南唐放其太傅宋齊邱于九華山。	
	南漢主晟殂，子鋹立。○注：鋹年十六。		

	春正月。	二月。	三月。	夏四月。
周	周命王朴作律準，定大樂。	周導汴水入蔡水。	周樞密使王朴卒。	周主自將伐契丹，五月取瀛、莫。
北漢				
南唐	南唐宋齊邱自殺。○注：齊邱至九華山。唐主命鎖其第，穴墻給飲食，齊邱嘆曰：『吾昔獻謀幽讓皇帝族于泰州，宜其及此。』乃縊死。			
蜀				
吳越				
湖南				
荊南				
南漢				

六月。	
易置雄、霸州，遂趣[1]幽州，有疾乃還。	周主立其子宗訓爲梁主。周以魏仁浦同平章事。趙匡胤爲殿前都點檢。周主榮殂。梁王宗訓立。
	南唐泉州遣使入貢于周，周王不受。南唐城金陵。

①趣：趨也。

世宗即位六年，善政既多，良法初立，内修文事，外抗武功，而其君人之度，又有非後世所可及者，真可謂五季之賢主矣。

	周	北漢		南唐	蜀	吳越	湖南	荊南		南漢	
秋七月。	周以都點檢趙匡胤領歸德軍節度使。										
九月。	周遣兵部侍郎竇儀如南唐。			南唐太子宏冀卒。唐主以其子從嘉爲吳王，居東宮。殺禮部侍郎鍾謨。南唐以洪州爲南都。						南漢殺其尚書右丞鍾允章，以龔澄樞爲内太師。	契丹遣使如南唐，周人殺之。

庚申。○注：是歲，周亡宋代，新大國一，舊小國四，凡五國；吴越、湖南、荆南，凡三鎮。

周恭帝宗訓初年。

宋太祖神德皇帝趙匡胤建隆元年。○注：宋太祖涿郡人，生于洛陽夾馬營。周世宗時爲都指揮使，屢從征伐有功。世宗以有點檢作天子之識，以帝代張永德爲殿前都點檢。契丹大寇，帝禦之。

北漢孝和帝劉鈞天會五年。

南唐元宗李景十八年。

蜀主孟昶廣政二十三年。

南漢主劉鋹大寶三年。

春正月。

師次①陳橋驛，將士以主幼，欲帝爲天子，以黄袍加身，遂廢恭帝而即位。

周殿前都點檢趙匡胤稱皇帝，國號宋，廢周主宗訓爲鄭王，周侍衛副都指揮使韓通死之。〇注：通聞陳橋之變，謀率衆禦之，爲軍校所害。

嘗讀宋史，至史臣曰：『太祖得國，視晉、漢、周亦書甚相絶哉，未嘗不嘆其言爲至公而有所自也。彼晉漢簒國之由

①次：臨時駐扎。

姑置勿論，以郭威篡漢言之，當夫漢遣郭威伐遼之日，威至澶州，自立而還，廢其主贇爲湘陰公。則周之篡漢亦猶漢之篡晉、晉之篡唐也。趙匡胤當周遣禦契丹之日，至陳橋爲衆兵逼立而還，廢宗訓爲鄭王，與周大祖郭威如出一律。臣非篡而何曰？五代庸君，暗主彼此相承，使非宋祖起而一之，孰能一之乎？曰恭帝雖幼，君也；匡胤雖賢，臣也。臣廢其君可乎？曰：然則武王爲萬世之聖，豈以伐紂爲非邪？曰：恭帝無商紂之暴，匡胤無武王之聖，使恭帝暴于商紂，匡胤聖于武王，亦終犯乎君臣之義，况乎恭帝不紂而匡胤不武者乎？不然，彼伯夷、叔齊何甘于首陽之薇而苦于姬周之粟也？《綱目》開卷第一義而予韓通之死節，則史臣之論益明矣。』

宋贈周韓通爲中書令。宋論翊戴功加石守信等官爵，宋遣使分賑諸州。宋主以其弟光義爲殿前都虞侯，趙普爲樞密直學士。宋立太廟，追帝其祖考。

宋	○注：尊高祖朓唐幽都令爲僖祖文皇帝，曾祖珽唐御史中丞爲顯祖惠元皇帝，祖敬涿州刺史爲翼祖簡恭皇帝，考宏殷周檢校司徒岳州防御史爲宣祖。昭武皇帝，以四孟及季冬凡五享。宋主視學。
北漢	
南唐	
蜀	
吳越	
湖南	
荊南	
南漢	

二月。	三月。	夏四月。
宋主尊其母杜氏爲太后。宋以范質王溥魏仁浦同平章事。吴延祚爲樞密使。		周昭義節度使李筠起兵，會北漢伐宋，宋遣兵擊之。
	南唐遣使如宋。	
	吴越遣使如宋。	
	南漢王張殺其弟桂王璇興。	

	五月朔，日食。	秋七月。
宋	宋主以其弟光美爲嘉州防禦使。宋遷周六廟于洛陽。宋主自將圍澤州，六月克其城。李筠死之。○注：筠，周之藩臣也。	宋主還，以趙普爲樞密副使。
北漢		
南唐		
蜀		
吳越		
湖南		
荆南		荆南節度使高保融卒，弟保勗嗣。○注：保融迂緩，國事，悉委于母弟保勗。
南漢		

冬十月。

	周淮南節度使李重進謀起兵拒宋。十一月，宋主自將擊之，重進自焚死。○注：重進，周之懿①叔也。
	南唐遣子朝宋主于揚州。
及卒，保勗權知軍府。請命于宋，宋主授以節度使。	

①懿：特指皇室宗親，外戚。

御批 宋太祖欲祭羣情而不安于深宮宴處，洵勵精求治之心，第當命駕時巡，省方問俗，進窮簷之父老而使得自言其疾苦，則民隱足以周知，可無九閽萬皇之隔矣。

	十二月。	辛酉。春正月。	二月。	閏三月。
宋	宋主還汴。宋以竇儀爲翰林學士。宋主微行。	宋建隆二年。宋度民田。	宋遣使監輸民租。	宋以慕容延釗爲山南東道節度使。
北漢				
南唐			南唐徙都洪州。	
蜀				
吳越				
湖南				
荊南				
南漢				
	契丹兀律殺其叔父李胡。			

夏四月朔，日食。

六月。

秋七月。

	宋太后杜氏殂。○注：太后及革謂帝曰：『柴家以幼兒爲主，故敗，汝百歲後當傳位光義，光義傳光美，光美傳德昭。』顧趙普爲誓書，藏之。德昭，太祖之子也。	宋罷其侍衛都指揮使石守信等典禁兵。

		八月。
宋	宋主以其弟光義以爲開封尹，光美爲興元尹。	
北漢		
南唐		南唐主景殂①，子煜立于金陵。
蜀		
吳越		
湖南		
荊南		
南漢		
		女真入貢于宋。○注：女真之先居古肅慎地。元魏時號勿吉。至隋改號靺鞨。唐初有黑水、粟末、兩部。後粟末盛彊，號渤海國，黑水因役屬之。渤海既滅，黑水部民在南者繫籍于契丹，

①殂：死亡。

											號熟女真。在北者不籍于契丹，號生女真。至是以馬入貢于宋。
壬戌。春正月。	宋建隆三年。宋廣東京城。			南唐後主煜初年。							
二月。	宋初詔常參官轉對。宋令大辟諸州不得專決。	北漢侵宋晉潞州。									
夏四月。	宋以趙贊爲彰武節度使。			南唐清源節度使留從効卒，							

		冬十月。
宋		宋以趙普爲樞密使。○注：普于是佐太祖匡處天下，收藩鎮之權，立國家三百年之安。宋主匡胤遷鄭王宗訓于房州。
北漢		
南唐	牙將陳浜進執其子紹鎡歸于唐。推副使張漢思爲留後。	
蜀		
吴越		
湖南		武平節度使周行逢卒，子保權嗣。○注：保權年十一矣。
荆南		
南漢		

十一月。	十二月。	癸亥。○注：是歲，凡五國一鎮，荊南降，湖南平。 春正月。
		宋乾德元年。宋遣慕蓉延釗、李處耘假道荊南討張文表。二月，周保權執文表誅之。
	湖南將張文表襲潭州，據之。○注：文表，周行逢將也。	
荊南節度使高保勗卒，兄子繼沖嗣。○注：繼沖，保融之子。		
	南漢誅其内侍監許彦真，以李托爲内太師。	

宋	處耘襲江陵，高繼沖以荊南降。延釗進克潭州，周保權遣兵逆戰，敗走。延釗遂入朗，執保權以歸。	
北漢		
南唐		
蜀		
吳越		
湖南	周保權執張文表誅之。	慕容延釗入朗，執周保權以歸。
荊南	高繼沖以荊南降宋。	
南漢		

夏四月。	秋七月。	冬十月。	十二月。
	宋主幸武成王廟，毀白起像。	宋以高繼沖爲武華節度使。	
	北漢主殺其樞密使段常。○注：常無罪而殺之，因北漢王寵妃郭氏之姻戚譖①愬耳。	北漢以郭無爲同平章事。	北漢遣侍衛親軍使劉繼文如契丹，拘之。
泉州將陳洪進，幽其留後張漢思而代之。			
		高繼沖，宋以爲武寧節度使。	

①譖：説别人的壞話，誣陷，中傷。

	甲子，春正月。	夏四月。	六月。
宋	宋乾德二年。宋范質、王溥、魏仁浦罷，以趙普同平章事。	宋以薛居正、吕餘慶參知政事。	宋主以其子德昭爲貴州防御使。
北漢			
南唐			
蜀			
吴越			
南漢	南漢侵宋，潭州防禦使潘美擊却之。		

冬十一月。	十二月。
宋范質卒。○注：宋主弟光義嘗稱之曰：『宰輔中能循規矩、重名器、持廉節，無出所右者，但欠世宗一死耳。』	宋命判太常寺和峴定雅樂①。
	南唐主募人爲僧。○注：梁蕭衍酷好佛而餓死臺城，唐李煜酷好僧而爲宋所滅。
蜀約北漢侵宋，宋遣忠武節度使王全斌等伐之。	宋王全斌入蜀興州，擒其招討使韓保正，蜀兵大潰。宋劉光義、曹彬克蜀夔州，蜀寧江制置使②高彥儔死之。

①雅樂：古代指帝王朝賀、祭祀天地等大典所用的音樂。②制置使：官名。唐大中五年設置，經劃邊防軍務，控制地方秩序。宋初不常置。南渡後，因與金作戰，設置漸多，多以安撫大使兼任。其秩高者稱爲『制置大使』。制置使往往轄治數路軍務，類似明清的總督。

	乙丑。 ○注：是歲，宋滅蜀，凡四國一鎮。 春正月。
宋	宋乾德三年。
北漢	
南唐	
蜀	宋王全斌攻蜀劍門，克之，獲其都統王昭遠。宋劉光義、曹彬取蜀五州。蜀太子玄喆將兵御宋，至绵州遁還。王全斌進次魏城，蜀王昶降。
吳越	
南漢	

夏六月。

宋賜孟昶爵秦國公，尋卒。

孟昶宋賜爵秦國公，尋卒。

南漢主殺其招討使邵廷琄。

丙寅。夏閏五月。

宋乾德四年。宋求遺書。○注：宋主求遺書于兵亂倥偬之日，垂情古典，尤爲所难。《綱目》所書，于数百年僅克一見，不亦美乎？

御批 五星之行于天，度数不同，遲速各異，何由聚于一宿，雖史冊書

	冬十一月。	十二月。	春三月。丁卯。
宋	宋竇儀卒。		宋乾德五年。五星聚奎。○注：初竇儼善步星歷，嘗謂楊徽之曰：『丁卯歲五星聚奎，自此天下太平。』
北漢			
南唐			
吳越			
南漢			
		韃靼入貢于宋。○注：韃靼本東北靺鞨之別種，唐元和後徙陰山。	

之，考諸天文，斷之以理，終不可信。

廣義曰：『抑觀宋太祖自得國以來，其見書于册者，美且多矣，觀其度民田、賑諸州、視國學、謹刑罰、討叛逆、求遺書，削藩鎮之權，置常參之官，討亂國則恩及無辜，公財利則除去羨餘，與夫求賢才，錄功過，一皆公平正大之舉，是誠帝王致治之大節也。書曰五星聚奎豈非以其和順五行，而此休徵？自至洪範汨，陳其五行，帝乃震怒，與此

	夏六月朔，日食。	秋九月。	戊辰。春二月。
宋	正相反也，孰謂天人相去之遠哉！	定難節度使李彝興卒，子克叡嗣。〇注：彝興，即彝殷也。宋以周保權爲右羽林將軍。	宋開寶元年。宋主立宋氏爲后。
北漢			北漢王繼元廣運初年。
南唐			
吳越			
南漢			

	三月。	夏五月。	秋七月。
○注：后，左衛上將軍偓之女也。	宋覆試貢士。○注：凡關食祿之家，子弟登第者悉委中書覆試。		
			北漢主鈞殂，養子繼恩立。○注：初世祖女適薛釗，生繼恩。再適何氏，生繼
		南唐以韓熙載爲中書侍郎。	

		八月。	九月。	冬十一月。
宋		宋遣李繼勳將兵伐北漢。	宋李繼勳敗北漢兵于銅鍋河，進薄太原。	契丹救北漢，宋李繼勳引還，北漢遂入宋晉絳州。
北漢	元，二子俱幼，鈞無子，世祖命養爲子。		北漢司空郭無爲弒其主繼恩，而立其弟繼元。	北漢主劉繼元弒其母郭氏。
南唐				南唐主立周氏爲后。○注：故后之妹也。
吳越				
南漢				

	己巳。春三月。
宋主享太廟，翌日郊。	宋開寶二年。宋主自將擊北漢，三月圍太原。
	契丹弒其主兀律于懷州。契丹耶律賢立。○注：賢，小字明扆，世宗次子。聞契丹主被弒，馳赴懷州即位，改元保寧，在位十四年，壽三十五歲。

	宋	北漢	南唐	吳越	南漢	契丹
夏閏五月。	宋主引還。	北漢郭無爲伏誅。				
庚午。春正月。	宋開寶三年。宋徵處士王昭素爲國子博士①。○注：昭素，酸棗人，太祖召見，年已七十餘。問以治世養身之術，對曰：『治世莫若愛民，養身莫若寡欲。』太祖愛其言，書于屏几。	劉繼文等歸自契丹。				契丹遣北漢使者劉繼文等歸。
夏四月朔，日食。	宋除河北鹽禁。					

①博士：職官名。起源于戰國，秦、漢時設置。因其掌通古今，以備諮詢，爲學術顧問的性質。

秋七月。	九月。	冬十二月。
宋省州縣官，增其俸。	宋詔修前代帝王陵被盜發者。宋遣潘美將兵伐南漢。冬十月，克賀、昭等州。	南漢將李承渥帥兵拒宋。潘美進擊，大敗之，遂拔韶州。
		北漢以僧繼顒爲太師兼中書令。
	宋遣潘美來伐，取賀、昭等州。	南漢李承渥拒宋。宋潘美擊敗之。

	辛未。○注：是歲，宋滅南漢，南唐改號江南，凡三國一鎮。	春二月。	夏六月。
宋	宋開寶四年。	宋潘美大破南漢兵于馬逕，遂克廣州。南漢主鋹降宋。加潘美山南東道節度使。	宋誅南漢宦者龔澄樞、李托。
北漢			
南唐	南唐改號江南。		
吳越			
南漢		南漢主鋹降于宋。	劉鋹，宋賜爵恩赦侯。

冬十月朔，日食。	十一月。	壬申。春二月。
賜劉鋹爵恩赦侯。	河決澶州。	宋開寶五年。
	南唐貶國號曰江南，遣使朝宋。	江南主殺其南都留守林仁肇。○注：宋祖忌仁肇威名，賂其侍者竊其畫像，懸示江南使者。林仁肇将降，先以此爲信也。

		夏五月。秋九月朔，日食。	癸酉。春三月。
宋		大雨河決，宋主出宮人。	宋開寶六年。鄭王郭宗訓卒。宋人葬之，謚曰周恭帝。
北漢			
江南	使者歸，白煜，煜遂誤殺仁肇。		
吳越			

夏五月。

○注：宋主素服發哀，輟朝十日，還葬慶陵之側，號曰順陵。宋初殿試貢士①。	宋行開寶通禮。○注：初，宋主命李昉、劉溫叟重定開元禮，附以國朝制度，損益爲書二百卷，號通禮。至是行之。交州丁璉入貢，詔封璉爲交阯郡王。
	宋武寧節度使高繼沖卒。
	交州丁璉入貢于宋，宋封璉爲交趾郡王。○注：梁末交州土豪曲承美，乘中國之亂，據有十二州之地。南漢遺將李知順攻承業，執之，置交阯節度使。乾德初，節度使吳昌文死，

①貢士：科舉會試及第但未經殿試的讀書人。

秋八月。

宋

宋趙普免。宋主封其弟光義爲晋王，班宰相上。○注：又以弟光美兼侍中，子德昭同平章事。

北漢

江南

吳越

其參謀吳處玶等爭立，攝驩州刺史丁部領擊敗處玶等，自領交州帥，號大勝王，署其子璉爲節度使，尋遜璉位。漢既亡，璉入貢于宋，宋授璉静海軍節度使，加封爵。

冬十二月。	宋起復盧多遜參知政事。	北漢主殺其大內都點校劉繼欽。									
甲戌。春二月朔，日食。	宋開寶七年。										
夏五月。				江南遣使如宋。							
秋九月。	宋遣曹彬將兵伐江南。○注：初宋主欲伐江南而無名，遣李穆諭江南入朝。										

		冬十月。	十一月。
宋	江南主聽其臣陳喬等之言，不果。宋遂遣曹彬伐之。	宋加吳越王俶昇州東南行营招撫[①]制置使。	宋潘美渡江，江南將鄭彥華等拒戰，敗走。宋始修日曆。
北漢			
江南			
吳越		吳越王俶，宋加昇州東南行省招撫制置[②]使。	

①招撫：招降安撫。②置：建立，設立。

○注：命宰輔[1]日錄時政送史館，其心可謂公矣。視彼自觀國史者，豈不多哉？

①宰輔：辅政的大臣。一般指宰相。